\給食がおいしい/と評判の 保育園・幼稚園の人気メニュー

今日も完食！らくらくレシピ

WILLこども知育研究所 編著

はじめに

おいしいものを大切な人と食べる時間は、
とても楽しく、幸せなものです。
しかし、お子さんがいると、そんな楽しいひとときに、
悩みをもつこともあるのではないでしょうか。

好き嫌いがあったり、食が細かったり、
もっとたくさん食べてほしいという思いから
食卓から笑顔が消えてしまうこともあるかもしれません。

この本は2014年に発行した
『給食がおいしいと評判の保育園・幼稚園の人気メニュー
毎日おかわり！ かんたんレシピ』の
第2弾となる、給食の献立を家庭用にアレンジして紹介するレシピ集です。

おいしい給食を提供している
保育園や幼稚園、こども園の子どもたちの
人気メニューをうかがい、1食分の献立にしてレシピにまとめました。
20食の献立と10種類の手作りおやつです。

レシピはアイデアに富んだ、かんたんに作れるものばかり。
定番の料理はもちろん、おなじみの食材にひと工夫して、
家庭では思いつかないおいしい一品にするなど、
目からうろこのメニューも登場します。

また、レシピだけではなく、
子どもたちが"**もっと食べたい気持ち**"になる
ヒントも詰まっています。

栄養士さんに教えてもらった、
野菜をたくさん食べてもらえる調理方法や
食材との触れ合い方法、
食事のときの**雰囲気作りや声かけ**など、
今すぐ、おうちでも実践できるアイデアをまとめています。

この本からおうちの定番レシピとなるような献立を
見つけていただけるとうれしいです。
そして、この本が**みなさんの笑顔**につながることを願っています。

Contents

- 2 はじめに
- 6 この本について
- 8 料理の基本

10 霞ヶ丘幼稚園の給食
[神奈川県・横浜市]

- 12 **人気レシピ1** 松風焼き
- 13 松風焼き／小松菜ののりあえ
- 14 高野豆腐と卵のスープ／にんじんとしらすのごはん
- 15 **人気レシピ2** ガパオライス
- 16 ガパオライス／春雨サラダ
- 17 トマトオニオンスープ
- 18 **人気レシピ3** ジャージャーめん
- 19 ジャージャーめん
- 20 浅漬けサラダ／さつまいもハニー
- 21 **人気レシピ4** クラムチャウダー
- 22 クラムチャウダー
- 23 チーズサラダ／きな粉パン

●手作りおやつ！
- 24 ソーダゼリー
- 25 フルーツヨーグルト

26 認定こども園 ウブントゥ富士の森の給食
[山梨県・富士吉田市]

- 28 **人気レシピ1** れんこんボール
- 29 れんこんボール／切り干し大根のナポリタン風
- 30 きゅうりの塩昆布あえ／じゃがいもとしいたけのみそ汁／小豆玄米ごはん
- 31 **人気レシピ2** さといものコロッケ
- 32 さといものコロッケ／にんじんの塩きんぴら
- 33 納豆マヨあえ／大根としめじのみそ汁／玄米ごはん
- 34 **人気レシピ3** 大豆ミートのから揚げ風
- 35 大豆ミートのから揚げ風／もちきびポテト
- 36 ツナサラダ／しめじととうもろこしのスープ／玄米ごはん
- 37 **人気レシピ4** けんちんうどん
- 38 けんちんうどん／車麩の煮物
- 39 じゃこあえ／玄米おむすび

●手作りおやつ！
- 40 米粉のりんごマフィン
- 41 かぼちゃプリン

42 太陽の子保育園の給食
[東京都・羽村市]

- 44 **人気レシピ1** かつおと野菜の揚げ煮
- 45 かつおと野菜の揚げ煮／煮豆（金時豆）
- 46 野菜の梅おかかあえ／切り干し大根のみそ汁／雑穀ごはん／バナナ
- 47 **人気レシピ2** ミルクカレーうどん
- 48 ミルクカレーうどん

49	納豆とじゃこの天ぷら／ごまみそあえ／オレンジ	74	**美山保育園**の給食 [東京都・八王子市]
50	人気レシピ3　もずく丼	76	人気レシピ1　ひき肉の磯辺巻き
51	もずく丼	77	ひき肉の磯辺巻き／にんじんしりしり
52	チョレギ風サラダ／モロヘイヤスープ／パイナップル	78	千草あえ／さつまいもの豆乳汁／ごはん
53	人気レシピ4　シュウマイ風ハンバーグ	79	人気レシピ2　クリスピーチキン
54	シュウマイ風ハンバーグ／野菜のしらすあえ	80	クリスピーチキン／ほうれんそうとしめじのソテー／手作りパン
55	アーサ汁（あおさのすまし汁）／ごぼうふりかけごはん／りんご	81	スパゲティのマヨポンサラダ／大麦スープ
	●手作りおやつ！	82	**静教保育園**の給食 [東京都・八王子市]
56	バナナ黒糖フリッター	84	人気レシピ1　八王子ラーメン
57	ごぼうブラウニー	85	八王子ラーメン／もち米シュウマイ
		86	ブロッコリーとわかめのナムル
58	**明優保育園**の給食 [千葉県・八千代市]	87	人気レシピ2　鶏クッパ
60	人気レシピ1　魚の赤しそパン粉焼き	88	鶏クッパ
61	魚の赤しそパン粉焼き／チンゲンサイの納豆あえ	89	チャプチェ／じゃがじゃこサラダ
62	じゃがいものみそ汁／ごはん		●手作りおやつ！
63	人気レシピ2　ビビンバ丼	90	恐竜のたまご
64	ビビンバ丼	91	野菜チップス
65	かぼちゃのいとこ煮／中華スープ		
66	人気レシピ3　鶏肉のマーマレードソースかけ	92	さくいん
67	鶏肉のマーマレードソースかけ／ブロッコリーとパプリカのソテー		
68	コンソメスープ／トースト		
69	人気レシピ4　大豆のキーマカレー		
70	大豆のキーマカレー		
71	マカロニサラダ／わかめスープ		
	●手作りおやつ！		
72	フレークスナック		
73	みそクッキー		

この本について

栄養の表示

それぞれの献立で使っている食材の栄養的な働きを、赤、黄、緑の3つに分けて表示しています。献立をアレンジして作るときも、栄養のバランスに注意して、かえていけるといいですね。

赤 血や肉になる　血や肉となって体を作る
たんぱく質、カルシウム

黄 熱や力になる　熱や力のもととなる
炭水化物、脂質

緑 調子を整える　体の調子を整える
ビタミン、ミネラル、食物繊維

調理のポイント・アドバイス・食材の保存方法

調理のポイントでは、料理をおいしく仕上げるためのポイントや食材の切り方、アレンジのアイデアをまとめています。アドバイスは園で栄養士さんが実践している、家庭で参考になる給食作りのアイデアなどを紹介しています。食材の保存方法では余ってしまいがちな食材を保存するときの方法をまとめました。

かぼちゃの保存方法

使いかけのかぼちゃは、わたと種をきれいに取り除き、ラップに包んで冷蔵庫の野菜室へ。1週間ほど保存できる。冷凍する場合は、使いやすいサイズに切ってからゆで、冷めたら冷凍用の保存袋に入れて冷凍庫へ。

調理のポイント

- 薄力粉を入れたあとは、こがさないように火加減に注意しましょう。
- こしょうはホワイトペッパーがおすすめです。
- ❺のときにほたてのゆで汁を使うことで、うま味が増します。
- ほたては長く煮るとパラパラになることがあるため、最後に加え、加熱時間は短めにします。

アドバイス

サラダは野菜だけでなく、ウインナーソーセージやチーズなどのたんぱく質を加えると、食べごたえがあり、味もよくなり、子どもが喜びます!

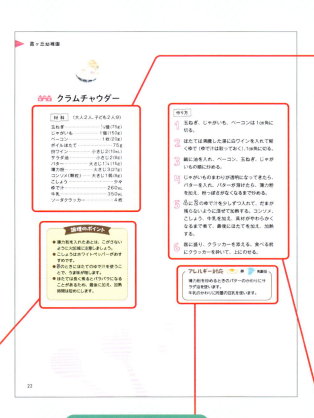

材料(分量)

- 1食分の材料は大人2人分と子ども2人分を作る量を基本にしていますが、お子さんの年齢などによって、食べる量には差があります。そのため、分量はあくまでも目安として、実際に調理をする際にはご家庭に合う量に調節してください。
- 分量の目安は、食材の個数や計量スプーンなどでの表記と、g数を併記しています。野菜などは大きさによって1個のg数も変わってきますので、目安としてお考えください。

― 表示の仕方 ―

材料のところで、1字文字が下がっているものは、塩もみなど、下準備用の材料になります。

アレルギー対応

食物アレルギーの3大アレルゲンとされる、卵、乳製品、小麦に対して、アレルギー対応ができるものについては、ページ内にその方法を掲載しています。レシピに入っている3大アレルゲンで対応のないものや、これらの食材以外でも、お子さんのアレルギーの原因となる食材が入っていたら、それについては、調理の際に除去するなど、対応をしてください。

作り方

― 食材の下準備 ―

野菜を洗ったり、皮をむいたり、へたなどを取り除いたりといった、基本的な下準備については、記載を省略していることがあります。

各園の取り組み

それぞれの園で行う、食への関心を広げる取り組みや、好き嫌い、偏食に対する保育者や栄養士さんのアイデアなど、家庭でもすぐにできるポイントをまとめています。

知っておきたい 料理の基本

料理をするときの基本となる、調味料の計り方や火加減、揚げ油の温度などをわかりやすくまとめました。基本を押さえておくことで、料理の仕上がりも満足いくものになるはずです。調理の際に確認してみましょう。

調味料の計り方

計量道具や手を使って計る基本を紹介します。ただし、あまり神経質にならずに、材料の大きさや様子によって加減して料理を楽しみましょう。

計量スプーンで計る

大さじ1

液体
盛り上がって、こぼれないところまで入れる。

粉
山盛りにすくってすり切る。ペースト状のものも同様。

大さじ1/2

液体
深さ2/3くらいのところまで入れる。

粉
すり切りをして、中心から半分にする。

計量カップで計る

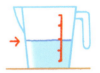

カップ1杯を計るときは、平らなところにカップを置いて、真横から目盛りを読む。

手で計る

少々
親指と人さし指の2本の指でつまむ。

ひとつまみ
親指、人さし指、中指の3本の指でつまむ。

火加減

料理のおいしさの決め手のひとつとなる火加減。目安を覚えておきましょう。

弱火
消えない程度の弱い炎。炎の高さは中火の半分くらいが目安。

中火
炎が強火よりも丸みを帯び、鍋底に軽く当たる。料理でいちばん多く使われる。

強火
炎が鍋底からはみ出さずに、全体的に勢いよく当たっている状態。

揚げ油の温度

油の温度をうまく調節できると、おいしい揚げ物ができます。料理に合わせて調整しましょう。

低温 150～160℃
乾いた菜箸を入れると、箸の先から細かい泡が出る。

中温 170～180℃
乾いた菜箸を入れると、箸全体から細かい泡が静かに出る。

高温 180～190℃
乾いた菜箸を入れると、箸全体から泡が勢いよくたくさん出る。

だし汁

料理の基本となるだし汁。時間のあるときにまとめてとって、冷蔵庫で保存しておくと便利です。

かつおだしのとり方

1. 沸騰した湯にかつお節を入れる。かつお節が湯にすべて漬かったら火を止める。
2. 鍋の底にかつお節が沈んだら、取り出してだし汁の完成。

昆布だしのとり方

1. かたく絞ったぬれぶきんで昆布の表面の汚れを軽くふき、切り込みを入れる。
2. 水に昆布を入れて、30分以上置く。その後、火にかける。
3. 沸騰する直前に火を止めて昆布を取り出す。

煮干しだしのとり方

1. 煮干しの頭と内臓を取り除く。
2. 水に煮干しを入れて、30分以上置く。その後7～8分、煮立てる。出てきたあくは取り除く。

※容器に水を入れ、頭と内臓を取り除いた煮干しを入れて、一晩冷蔵庫に入れておいても、同じようにだしがとれる。

卒園生のお母さんたちの愛情いっぱい!!

神奈川県・横浜市

霞ヶ丘幼稚園の給食

食欲アップにつながるポイント3

胚芽精米と豚汁、さけ、ほうれんそうのあえ物という和の献立。デザートのプリンも手作りです！

1 1年を通していろいろな食育活動を行う

園庭で作った野菜をみんなで食べることもあります。先生と子どもたちで収穫したとうもろこしを使ってポップコーンを作り、それを食べながら映画鑑賞もするのだそう。苦手な野菜の克服のために野菜作りで興味をもつのだけではなく、ふだんの遊びと結びつけ、食べることを楽しむ経験を積むことを大切にしています。

野菜を育てたり、調理をしたりと食べることが常に近くにある。

栄養士・保育者が教える！

\ もっと食べたい /
気持ちがわいてくるヒント

調理用のはさみを活用します！

給食の時間に**教室に「調理用のはさみ」を用意**します。先生が子どもの様子を見て、食べられないでいるときには、**野菜や魚などを調理用のはさみで小さく切り、「これだけはがんばってみようか」**などと声をかけます。無理強いは決してしませんが、小さく切ることで食べられることもあります。

子どもの様子を見守り、食べられているかを確認。手を差し伸べることもある。

ぱくっ！

10

卒園生の5人のお母さんたちが作る、家庭的で温もりのある給食を提供しています。旬の食材はもちろん、家庭では食べる機会が減っている魚や果物もよく献立に登場！ また、食育活動を積極的に行い、食に興味をもつ機会を増やし、「栄養素」についても毎日わかりやすく伝えることで、子どもたちは「食」を生活の中で身近に感じています。

2 栄養について知り、食べることを楽しく！

調理室前にはられた「げんきごう」という列車は、**その日の給食に使う食材を栄養素ごとに、「赤、黄、緑」に分けています**。食材がどこに分類されるのかを先生と一緒に「げんきごう」で確認。その後、教室で答え合わせをします。食べ物がもつ力を知ることで、バランスよく、いろいろなものを食べる気持ちが少しずつ育まれます。

食材がはられた「げんきごう」を先生とみんなで確認。よく覚えて教室に戻り、答え合わせを。給食のときにも「お魚は赤だね」という会話が聞こえる。

3 「おかわりタイム」で好きなものが食べられる！

給食をすべて食べ終え、「おかわりどうぞ♡」のシートが出たら、調理室前のスペースで調理スタッフにおかわりをお願いします。ポイントは**好きなものを自由におかわりできる**こと。**デザートだけでもよし、もちろん全部おかわりしてもOK**です。おかわりしたい気持ちを大切に、調理スタッフに自分の言葉で伝えられれば満点。家庭でも好きなものをおかわりできる環境を作ってみては。

おかわりスペースで、おかわりをよそってもらうのを楽しみに待っている。

魔法の言葉「大人の食べ方だよ！」

園では焼いたさんまに、加熱して辛味を取った大根おろしを添えて出すことがあります。ちょっと背伸びした食材を出したときには、「**大人の食べ方だよ！**」とひと声。子どもたちは大人の食べるものに憧れがあることも多いので、「じゃあ、食べてみようかな」という気持ちになることも。**工夫ある声かけがポイント**です。

教室にやってきた栄養士の立花さん。「今日の魚は何でしょう？」などと子どもたちに声をかけながら食事の様子を見守ることも。

霞ヶ丘幼稚園の
人気レシピ 1

彩り豊かな和風ごはん!!

松風焼き

お正月に食べる印象がある松風焼きですが、
食べごたえがあり、ふだんの食事にもおすすめです!
ごはんににんじんを混ぜたり、スープに卵を使ったり、
小松菜を副菜に取り入れることで
食卓の彩りがよくなり、食欲もアップします!

― 小松菜ののりあえ

― 松風焼き

にんじんとしらすのごはん

高野豆腐と卵のスープ

血や肉になる	鶏ひき肉、卵、みそ、焼きのり、高野豆腐、しらす干し	
熱や力になる	胚芽精米、パン粉、三温糖、ごま、サラダ油、片栗粉	
調子を整える	干ししいたけ、玉ねぎ、小松菜、にんじん、長ねぎ	

霞ヶ丘幼稚園

🏠 松風焼き

材料	（大人2人、子ども2人分）
干ししいたけ	1～2個（3g）
玉ねぎ	½個（100g）
サラダ油	小さじ2（8g）
パン粉	大さじ3（9g）
水	大さじ2
鶏ひき肉	300g
A 卵	1個
しょうが汁	小さじ1（5g）
酒	小さじ1（5g）
しょうゆ	小さじ1（6g）
三温糖	小さじ2（6g）
みそ	小さじ2（12g）
いりごま（白）	適量

作り方

1. 干ししいたけは水で戻しておく（急ぎの場合は、ぬるま湯に少量の砂糖を入れて戻すとよい）。
2. 1と玉ねぎをみじん切りにして、油で炒めて冷ます。
3. パン粉に水を加えて、やわらかくしておく。
4. ボウルに鶏ひき肉を入れ、Aを加えてよく練る。2、3も加えて練る。
5. 4を天板に15㎝×15㎝ほどの大きさで、平らにのばし、いりごまをまんべんなくふって、230℃のオーブンで15～20分ほど焼く。焼けたら好みの大きさに切る。

🏠 小松菜ののりあえ

材料	（大人2人、子ども2人分）
小松菜	5株（200g）
にんじん	⅕本（30g）
薄口しょうゆ	小さじ1（6g）
焼きのり（全形）	1枚

作り方

1. 小松菜はゆでて、食べやすい大きさに切る。
2. にんじんはせん切りにしてゆでる。
3. 1と2の水気をよく絞り、薄口しょうゆで味をつける。
4. 焼きのりは、もんで小さくして3とあえる。

調理のポイント

- アルミカップにたねを8つに分けて入れて、オーブントースターで焼く方法もあります。その際は、25分ほど、中心までしっかり火が通るように焼きます。

アレルギー対応 卵

松風焼きは、卵を使わずに作ることもできます。

霞ヶ丘幼稚園

高野豆腐と卵のスープ

材料 （大人2人、子ども2人分）

高野豆腐	1枚
長ねぎ	6㎝(15g)
小松菜	1¼株(50g)
サラダ油	小さじ1(4g)
水	500mL
A ┌ コンソメ（顆粒）	小さじ2(6g)
│ 酒	小さじ2(10g)
└ しょうゆ	小さじ2(12g)
水溶き片栗粉	
┌ 片栗粉	小さじ2(6g)
└ 水	小さじ4(20mL)
卵	1個

作り方

1. 高野豆腐はぬるま湯につけて戻し、完全に戻ったら、押し洗いをしてから水気をよく絞る。厚さ½、長さ½の短冊切りにする。

2. 長ねぎは小口切り、小松菜はゆでて食べやすい長さに切る（小松菜ののりあえで使った小松菜の一部を、スープの青味に入れてもよい）。

3. 鍋に油を熱し、2の長ねぎを香りが上がるまで焦がさないように炒める。

4. 3に水、調味料Aを入れて沸騰させ、1を入れて3分ほど煮たら、水溶き片栗粉でとろみをつける。

5. 溶き卵を少しずつ鍋に入れ、卵に火が通ったら火を止めて器に盛る。彩りにゆでた小松菜を飾る。

にんじんとしらすのごはん

材料 （大人2人、子ども2人分）

胚芽精米	2合
水	400mL
にんじん	⅕本(30g)
しらす干し	15g
酒	大さじ1(15g)
塩	小さじ⅓(2g)

作り方

1. 米はといで、分量の水に浸しておく。

2. にんじんをすりおろす。

3. 1に酒、塩を入れてかき混ぜ、しらす干しと2を上にのせて炊飯する。

4. 炊き上がったら全体を適度に混ぜて茶わんに盛る。

アレルギー対応 卵

高野豆腐と卵のスープは、溶き卵を入れなくてもおいしく仕上がります。

霞ヶ丘幼稚園の
人気レシピ 2

大きめなひき肉で食べごたえ満点！
ガパオライス

トマトオニオンスープ

タイ料理でおなじみのガパオライスを
子どもにも食べやすい味つけにアレンジしました！
しっかり味のついたひき肉にごはんも進み、
サラダとスープで栄養バランスもバッチリです。

春雨サラダ

ガパオライス

 血や肉になる　鶏ひき肉、豚ひき肉、かに風味かまぼこ、ロースハム、卵

 熱や力になる　胚芽精米、サラダ油、砂糖、春雨、ごま油、ごま、片栗粉

 調子を整える　にんにく、玉ねぎ、ピーマン、パプリカ、バジル、きゅうり、もやし、キャベツ、トマト水煮、パセリ

霞ヶ丘幼稚園

ガパオライス

材料 （大人2人、子ども2人分）

胚芽精米	2合
鶏ひき肉	200g
豚ひき肉	120g
にんにく	1かけ(6g)
玉ねぎ	1個(200g)
ピーマン	2個(60g)
パプリカ（赤）	½〜⅓個(60g)
サラダ油	小さじ2(8g)
A しょうゆ	大さじ1(18g)
オイスターソース	大さじ1(18g)
砂糖	小さじ2(6g)
酒	大さじ1(15g)
水	75mL
バジル（乾燥）	1g
クミン（パウダー）	少々

作り方

1. 米はといで水に浸し、規定の量の水で炊く。
2. にんにくと玉ねぎはみじん切りにする。ピーマン、パプリカは横向きにして繊維を断つように3cmほどの長さの細切りにする。
3. フライパンに油を熱し、2のにんにくを香りが出るまで炒め、香りが出たらひき肉を加えて炒める。玉ねぎ、ピーマン、赤パプリカを加えてさらに炒める。
4. 水、調味料A、バジル、クミンを加えて、野菜がやわらかくなるまで煮る。

調理のポイント

- ひき肉は、あまり細かくならないように炒めます。

春雨サラダ

材料 （大人2人、子ども2人分）

春雨	40g
きゅうり	½本(50g)
塩	少々
もやし	½袋(100g)
かに風味かまぼこ	30g
ロースハム	2枚(20g)
A しょうゆ	大さじ1(18g)
砂糖	大さじ1(9g)
酢	大さじ1(15g)
ごま油	小さじ2(8g)
いりごま（白）	少々

作り方

1. 調味料Aを合わせる。
2. 春雨は表示時間通りゆでて、水洗いをして水気を切り、1を⅓ほど加えて味をつける。
3. 鍋にもやし、水、少量のごま油（分量外）と塩（分量外）を入れて火にかける。沸騰後しばらくゆでてざるにあげる。
4. きゅうりは少量の塩で板ずりをしてせん切りにする。しばらく置いたあとに水気を絞る。かに風味かまぼこはよくほぐし、ハムはせん切りにする。
5. 1の残りの調味液で2、3、4をあえ、いりごまを加える。

調理のポイント

- 先に春雨に味をつけておくと、全体に味がなじみます。

霞ヶ丘幼稚園

🏠 トマトオニオンスープ

給食大好き!

| 材 料 | （大人2人、子ども2人分） |

玉ねぎ……………………1/5個(40g)
キャベツ…………………1/4枚(25g)
サラダ油……………小さじ2(8g)
水……………………………500mL
トマト水煮缶(カット、およそ400g
入りの缶)………………………1/2缶
コンソメ(顆粒)………小さじ2(6g)
水溶き片栗粉
　┌ 片栗粉……………小さじ1(3g)
　└ 水………………小さじ2(10mL)
卵………………………………1個
パセリ(生、みじん切り)………少々

作り方

1. 玉ねぎは薄いいちょう切りにする。

2. キャベツは1cm×3cmに切る。

3. 鍋に油を入れ、1の玉ねぎを炒める。

4. 3に水、2のキャベツ、トマトの水煮、コンソメを入れて、中火で野菜がやわらかくなるまで煮る。

5. 4に水溶き片栗粉を加えてとろみをつけたら、溶き卵を流す。

6. 卵に火が通ったらカップに盛りつけて、パセリを散らす。

調理のポイント

- 野菜をやわらかく煮ると、野菜からのうま味が引き出せます。
- 生のパセリではなく、ドライパセリでもよいです。
- とろみのついた具だくさんのスープです。食欲に応じて野菜の量やとろみは、ご家庭で調整してもよいでしょう。

アレルギー対応   卵

トマトオニオンスープは、溶き卵を入れなくてもおいしく仕上がります。

霞ヶ丘幼稚園の
人気レシピ 3

甘じょっぱい味つけが食欲をそそる！
ジャージャーめん

さつまいもハニー

浅漬けサラダ

ジャージャーめん

中華のめん料理のひとつ、ジャージャーめんを子どもが食べやすい味にアレンジしています。さっぱりとした浅漬けやほくほくと甘いさつまいもと組み合わせた献立は、彩りもきれいです！

 血や肉になる　豚もも肉、みそ　 熱や力になる　中華めん、ごま油、サラダ油、三温糖、片栗粉、ごま、さつまいも、はちみつ　 調子を整える　にんにく、しょうが、長ねぎ、にんじん、玉ねぎ、きゅうり、キャベツ

ジャージャーめん

材料	（大人2人、子ども2人分）

【めん】
中華めん（生）……………… 3玉
ごま油……………………… 適量

【ソース】
サラダ油 …………… 大さじ1(12g)
豚もも肉…………………… 160g
にんじん……………… 1/5本(30g)
玉ねぎ…………………1個(200g)
きゅうり……………… 1/2本(50g)
にんにく（みじん切り）……… 小さじ1
しょうが（みじん切り）……… 小さじ1
長ねぎ（みじん切り）…… 1/2本(50g)
赤みそ………………… 大さじ2(36g)
　湯………………………… 大さじ2
水……………………………… 450mL
A ┌ 三温糖………… 大さじ3(27g)
　├ しょうゆ ……… 大さじ1(18g)
　├ 酒 …………… 大さじ1(15g)
　└ オイスターソース
　　　………………… 小さじ2(12g)
すりごま（黒）………… 大さじ1(6g)
水溶き片栗粉
　┌ 片栗粉 ………… 大さじ1(9g)
　└ 水 …………… 大さじ2(30mL)

作り方

1. めんをゆで、水洗いをしてよく水気を切り、ごま油をまぶしておく。
2. 豚肉は細切りにする。きゅうりはせん切りにし、にんじん、玉ねぎは7mmの角切りにする。
3. 赤みそは湯で溶く。
4. 鍋に油を熱し、にんにく、しょうが、長ねぎのみじん切りを入れて香りが立つまで炒める。
5. ❹に豚肉、にんじん、玉ねぎの順で加えて炒め、水と調味料Aを加え、具がやわらかくなるまで煮る。
6. ❸とすりごまを入れたあと、水溶き片栗粉でとろみをつける。
7. めんに❻のソースをかけ、せん切りきゅうりを上に飾る。

調理のポイント

- めんをうどんにかえてもおいしいです。
- 水溶き片栗粉を作るときには、片栗粉1に対して水2の割合で溶くと、ほどよいとろみがつきます。

アドバイス

ジャージャーめんなどのめん料理は人気です。園ではほかに、ミートソーススパゲティが安定的な人気めん！ めんに具材をかけるメニューは、たくさん野菜を入れて調理するといいですよ！

霞ヶ丘幼稚園

🏠 浅漬けサラダ

材料	（大人2人、子ども2人分）
キャベツ	2½枚(250g)
にんじん	⅐本(20g)
きゅうり	½本(50g)
塩	少々
A ┌ 白だし	大さじ1½(24g)
├ みりん	大さじ½(9g)
└ 酢	大さじ½(7.5g)
いりごま(白)	小さじ1(2g)

作り方

1. キャベツは1cm×3cmに切り、にんじんは3cm長さのせん切りにする。きゅうりは少量の塩で板ずりをして輪切りにする。
2. キャベツとにんじんをさっとゆで、水気を絞る。きゅうりの水気も絞る。
3. 調味液Aに2の野菜を入れて混ぜ、最後にいりごまを加える。

調理のポイント

- ゆでた野菜は温かいうちに調味液につけると味が入りやすくなります。
- 園ではきゅうりは丸ごとゆでてから調理しますが、ご家庭ではよく洗ってそのまま生で調理しても大丈夫です。

🏠 さつまいもハニー

材料	（大人2人、子ども2人分）
さつまいも	1½本(300g)
はちみつ	大さじ1⅕(25g)
しょうゆ	小さじ½(3g)
いりごま(黒)	適量
揚げ油(サラダ油)	適量

作り方

1. さつまいもは皮つきのままスティック状に切る。
2. アク抜きのため、水に5分つけ、水気をよく切る。
3. 油を熱し、2をこげないように弱火で、中に火が通るまで素揚げする。
4. ボウルにはちみつとしょうゆを合わせ、3を入れてからませ、いりごまをふる。

調理のポイント

- はちみつに少量のしょうゆを加えて、塩味をプラスしています。

さつまいもの切り方

さつまいもをスティック状にするときは、スライスをして、その後に縦に切ります。

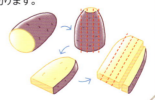

霞ヶ丘幼稚園の
人気レシピ 4

カフェ風のメニューを手作りで！
クラムチャウダー

具だくさんのクラムチャウダーは
バターや薄力粉を使い、一から手作りしています。
きな粉パンは、子どもが好きなちょっと甘めの味つけで、
おかわりしたくなること間違いなしの一品です。

チーズサラダ

きな粉パン

クラムチャウダー

 血や肉になる　ベーコン、ほたて、牛乳、チーズ、ウインナーソーセージ、きな粉
 熱や力になる　食パン、砂糖、マーガリン、じゃがいも、サラダ油、バター、薄力粉、クラッカー、マヨネーズ
 調子を整える　玉ねぎ、キャベツ、きゅうり

霞ヶ丘幼稚園

🏠 クラムチャウダー

材料 （大人2人、子ども2人分）

玉ねぎ	1/3個(75g)
じゃがいも	1個(150g)
ベーコン	1枚(20g)
ボイルほたて	75g
白ワイン	小さじ2(10mL)
ゆで汁	260mL
サラダ油	小さじ2(8g)
バター	大さじ1 1/4(15g)
薄力粉	大さじ3(27g)
コンソメ（顆粒）	大さじ1弱(8g)
こしょう	少々
牛乳	350mL
ソーダクラッカー	4枚

調理のポイント

- 薄力粉を入れたあとは、こがさないように火加減に注意しましょう。
- こしょうはホワイトペッパーがおすすめです。
- ❺のときにほたてのゆで汁を使うことで、うま味が増します。
- ほたては長く煮るとバラバラになることがあるため、最後に加え、加熱時間は短めにします。

作り方

1. 玉ねぎ、じゃがいも、ベーコンは1cm角に切る。
2. ほたては沸騰した湯に白ワインを入れて軽くゆで（ゆで汁は取っておく）、1cm角に切る。
3. 鍋に油を入れ、ベーコン、玉ねぎ、じゃがいもの順に炒める。
4. じゃがいものまわりが透明になってきたら、バターを入れ、バターが溶けたら、薄力粉を加え、粉っぽさがなくなるまで炒める。
5. ❹に❷のゆで汁を少しずつ入れて、だまが残らないように混ぜて加熱する。コンソメ、こしょう、牛乳を加え、具材がやわらかくなるまで煮て、最後にほたてを加え、加熱する。
6. 器に盛り、クラッカーを添える。食べる前にクラッカーを砕いて、上にのせる。

アレルギー対応 卵 乳製品

薄力粉を炒めるときのバターのかわりにサラダ油を使います。
牛乳のかわりに同量の豆乳を使います。

霞ヶ丘幼稚園

🏠 チーズサラダ

材料 （大人2人、子ども2人分）

キャベツ……………………2枚(190g)
きゅうり……………………½本(50g)
塩……………………………少々
プロセスチーズ……………25g
ウインナーソーセージ……40g
酢……………………小さじ1(5g)
サラダ油……………小さじ1(4g)
マヨネーズ…………大さじ1(12g)

作り方

1. キャベツは1cm×3cmに切り、ゆでて冷ましておく。
2. きゅうりは少量の塩で板ずりをして、輪切りに、チーズは5mm角に切る。
3. ウインナーソーセージは薄い輪切りにし、乾いりする。
4. ボウルに酢と油をよく混ぜ、ウインナーソーセージと合わせる。よく水気を絞った1、2を加えて、マヨネーズであえる。

アドバイス
サラダは野菜だけでなく、ウインナーソーセージやチーズなどのたんぱく質を加えると、食べごたえがあり、味もよくなり、子どもが喜びます！

🏠 きな粉パン

材料 （大人2人、子ども2人分）

食パン(6枚切り)……………3枚
きな粉………………大さじ1(5g)
砂糖…………………大さじ1(9g)
マーガリン…………大さじ1(12g)

作り方

1. 食パンを半分に切る。
2. きな粉、砂糖、マーガリンをよく混ぜてなめらかにして、パンに塗る。
3. トースターでこんがりするまで焼く。

アレルギー対応 乳製品
マーガリンを使わず、はちみつときな粉を混ぜて塗ってもおいしいです。

調理のポイント
● 園ではきゅうりは丸ごとゆでてから調理しますが、ご家庭ではよく洗って、そのまま生で調理しても大丈夫です。

アレルギー対応 乳製品
チーズは豆乳チーズを使ってもよいです。チーズがなくてもおいしく食べられます。

手作りおやつ！

ソーダゼリー

ここが推し！

炭酸の爽快感が決め手！

| 材料 | （大人2人、子ども2人分） |

粉ゼラチン ……………………… 10g
砂糖 …………………… 大さじ1（9g）
湯 ………………………………… 100mL
サイダー ……………………… 500mL

作り方

1. ボウルに粉ゼラチンと砂糖を入れて混ぜ合わせ、湯を加えて溶かす。
2. 1に常温に戻したサイダーを入れ、静かに混ぜる。
3. 2をカップに静かに注ぎ、冷蔵庫で冷やしかためる。

調理のポイント

- サイダーは、泡が立ちにくいように常温のものを使います。
- サイダーを入れるときは、へらなどをつたわせて静かに入れます。
- 炭酸が飛ばないよう、サイダーを入れたあとは混ぜすぎないようにします。

霞ヶ丘幼稚園

７ フルーツヨーグルト

甘酸っぱくておいしいね

ここが推し！
スキムミルク入りでカルシウムアップ！

材料（大人2人、子ども2人分）

プレーンヨーグルト ………… 300g
スキムミルク ……… 大さじ3(18g)
砂糖 ………………… 大さじ1(9g)
フルーツ（缶詰）……………… 150g

作り方

1. ヨーグルトにスキムミルクと砂糖を加え、なめらかになるまでよく混ぜる。
2. 1に食べやすい大きさにカットしたフルーツを混ぜる。

調理のポイント

- スキムミルクを入れることでカルシウム量がアップします。また、酸味が抑えられ、砂糖の量を減らすことができます。
- 甘いフルーツを使うときは、砂糖がなくてもOKです。

アレルギー対応 乳製品

ヨーグルトを豆乳ヨーグルトにかえてもOKです。

食材にこだわったアイデア献立が特徴！

山梨県・富士吉田市 認定こども園

ウブントゥ富士の森の給食

食欲アップにつながるポイント3

もちもちの玄米はみんな大好き。大豆のかき揚げにきゅうりの塩昆布あえなどの和食の献立。

1 たくさん体を動かす！

「おなかがすいた！」という気持ちこそが食欲のもと。そのためには、**たくさん体を動かすことが大切**です。園では昼食前に、広い庭を駆け回り、穴を掘ったり、虫を探したりしています。思いきり体を動かしてから食事を楽しみます。

栄養士・保育者が教える！
＼もっと食べたい／
気持ちがわいてくるヒント

食べきれる量をよそる

「食べきることができた！」という**達成感は食欲アップにつながります**。そこで、**子どもの食欲に応じて、ごはんやおかずの盛り方を調整します**。少なめでも食べきれることが大切。おかわりができれば、自信にもつながります！

いただきます！

26

「まごわやさしい」を取り入れた給食で、だしをとり、玄米を炊き、丁寧に作った食事を、感謝して食べることを大切にしています。大豆ミートや麩をお肉がわりに使った献立を提供していることから、新しい食べ物との出合いがあるところも特徴。みんなで会話をしながらのお昼ごはんには、「おかわりください」の声も響き渡ります。

※「まごわやさしい」（まめ類、ごま類、わかめなどの海藻類、野菜、魚、しいたけなどのきのこ類、いも類）

2 自分のお茶わん、自分のおわん

園では**家から持ってきたお茶わんやおわんを使います。自分のお気に入りのお茶わんやおわんで食べる食事はやはり特別！** おうちでは個々に専用の器はありますか？自分のものを大切にする気持ちを育むうえでも、子ども用のお茶わんやおわんを用意するといいですね。

3 種から野菜を育てていく

野菜を種から育てています。苦手な野菜も一から育て、成長を見ていくことで、徐々に興味をもち、**食べてみようという気持ちが出てきます**。たくさんの種類でなくてもいいので、家庭でも親子で種まきから野菜作りにチャレンジしてみては。

4月にまいた種から芽が出てきた。外遊びの前に水をあげる。

非日常の食事を楽しむ！

いつもとは違った雰囲気で食べる食事は**大人でもワクワクするもの**。テラスや庭で、休日などにテーブルを外へ出したり、友だちを誘ったりして、非日常的な空間でごはんを食べる体験をすると、食欲アップにもつながります。

おいしそうな顔が励みになっています

こども園ウブントゥの
人気レシピ 1

体にやさしい野菜いっぱいの献立
れんこんボール

きんぴらが定番のれんこんを子どもが食べやすいフライに！
切り干し大根も煮つけずに、ケチャップで甘い味つけにしました。
いつもの食材を調理法を変えて楽しめる献立です。

切り干し大根の
ナポリタン風

きゅうりの塩昆布あえ

れんこんボール

小豆玄米ごはん

じゃがいもとしいたけのみそ汁

 血や肉になる　ひじき、昆布、煮干し粉、みそ
 熱や力になる　小豆、玄米、ごま、薄力粉、片栗粉、菜種油、ぶどう油、粗糖、じゃがいも
 調子を整える　れんこん、玉ねぎ、切り干し大根、ピーマン、にんじん、きゅうり、しいたけ

こども園ウブントゥ

🏠 れんこんボール

| 材料 | （大人2人、子ども2人分） |

- れんこん……………… 1½節（300g）
- 玉ねぎ………………… ½個（80g）
- ひじき（乾燥）………………… 3g
- A
  - 薄力粉……… 大さじ1⅔（15g）
  - 片栗粉……… 大さじ1⅔（15g）
  - 野菜ブイヨン（顆粒）
    ……………… 小さじ⅔（2g）
  - 塩 …………………………… 少々
- 揚げ油（菜種油）………………… 適量

作り方

1. れんこんは洗って、¾を粗みじん切りにする。¼はすりおろす。玉ねぎはみじん切りにする。ひじきは水で戻し水気を切る。
2. ボウルに1とAを入れて混ぜ合わせる。
3. 2を丸めて、180℃くらいに熱した油で中に火が通るまで2〜3分揚げる。

調理のポイント

- れんこんは皮をむかずにそのままおろしたり、切ったりして使います。

🏠 切り干し大根の
ナポリタン風

| 材料 | （大人2人、子ども2人分） |

- 切り干し大根 ……………………… 20g
- にんじん…………………… ⅕本（30g）
- ピーマン…………………… 1個（30g）
- ぶどう油…………………………… 適量
- A
  - しょうゆ …… 小さじ½弱（2.5g）
  - 粗糖………… 小さじ1弱（2.5g）
  - 本みりん …… 小さじ½弱（2.5g）
  - ブイヨン（顆粒）
    ………………… 小さじ½（1.5g）
  - トマトケチャップ
    ……………… 小さじ1弱（5g）

作り方

1. 切り干し大根は水で戻し、食べやすい大きさに切ってゆでる。にんじん、ピーマンはせん切りにする。
2. 鍋に油をひき、切り干し大根とにんじんを炒め、しんなりしてきたらピーマンを加えて加熱し、全体に火が通ったらAの調味料で味つけする。

調理のポイント

- 園では、調理に使う油は、健康によい不飽和脂肪酸やミネラルを含んでいるぶどう油を使っています。ただし、ぶどう油はとりすぎはよくないといわれているので、揚げ物などには菜種油、少量を使う料理にはぶどう油と使い分けています。家庭でぶどう油を使用しない場合は、サラダ油で代用してください。
- 切り干し大根を戻すときには、流水で汚れを洗い流し、もみ洗いをします。これをしないとえぐみや臭みが残ります。栄養素が流れ出るので、もみ洗いは一度でよいです。

こども園ウブントゥ

きゅうりの塩昆布あえ

材料	（大人2人、子ども2人分）
きゅうり	1本（100g）
塩	少々
塩昆布	5g
いりごま（白）	お好みで

作り方

1. きゅうりを食べやすい大きさに切り、塩もみをして水気を絞る。
2. 1に塩昆布といりごまを加えてあえる。

じゃがいもとしいたけのみそ汁

材料	（大人2人、子ども2人分）
じゃがいも	1個（150g）
しいたけ	3〜4個（50g）
だし汁	600mL
昆布	1〜2g
みそ	大さじ1強（20g）
煮干し粉	適量

作り方

1. じゃがいもはいちょう切り、しいたけは薄切りにする。
2. 鍋にだし汁と昆布を入れて火にかける。沸騰する直前に昆布を取り出し、細かく切る。
3. 2に1と切った昆布を加え、具材に火が通ったら、みそと煮干し粉を加える。

調理のポイント

- 園ではだしパックと昆布のふたつでだしをとり、だしをとり終えた昆布をみそ汁に入れています。

小豆玄米ごはん

材料	（大人2人、子ども2人分）
玄米	2合
小豆（乾燥）	15g
いりごま（黒）	少々
塩	少々

作り方

1. 玄米、小豆はといで水に浸し、規定の量の水で炊く。
2. 炊きあがったら、ごまと塩をふる。

※玄米は精白米に比べると消化しにくいため、家庭で提供する際は、お子さんの発達に応じて、精白米に変更してください。

調理のポイント

- 玄米と小豆は前日から水に浸しています。

こども園ウブントゥの
人気レシピ 2

コロッケの食感がたまらない！
さといものコロッケ

ねっとりしたさといものコロッケに
納豆あえや、にんじんの
きんぴらを添えた和食の献立です。
納豆にマヨネーズを加えるなど、
子どもの食欲アップに
ちょっとした工夫をしています！

にんじんの塩きんぴら

納豆マヨあえ

さといもの
コロッケ

大根としめじのみそ汁

玄米ごはん

血や肉になる	大豆たんぱく、納豆、かつお節、昆布、みそ、煮干し粉	
熱や力になる	玄米、さといも、薄力粉、パン粉、菜種油、ぶどう油、ごま、マヨネーズ	
調子を整える	玉ねぎ、キャベツ、にんじん、ほうれんそう、大根、しめじ	

こども園ウブントゥ

さといものコロッケ

材料（大人2人、子ども2人分）

さといも	8個(400g)
玉ねぎ	¼個(50g)
大豆たんぱく（ミンチタイプ）	20g
キャベツ	1枚(100g)
塩	少々
薄力粉	大さじ1⅔(15g)
水	大さじ1(15mL)
パン粉	¾カップ(30g)
揚げ油（菜種油）	適宜

作り方

1. さといもは蒸し、皮をむいてつぶす。

2. 玉ねぎはみじん切りにして、しんなりするまで炒める。大豆たんぱくは湯で戻し、水気を絞る。

3. ボウルに1、2、塩を加えて混ぜ合わせ、形を整えて、水で溶いた薄力粉、パン粉を順につけて、約180℃の油でこんがりするまで揚げる。

4. 付け合わせのキャベツをせん切りにする。

5. 3と4を盛りつける。

調理のポイント

- 塩はお好みで、3のときに入れます。
- さといもは皮のついたまま切れ目を1つ入れ、耐熱容器に入れてラップをかけ、600Wのレンジで5分ほど加熱すると、かんたんに火を通すことができます。

にんじんの塩きんぴら

材料（大人2人、子ども2人分）

にんじん	1本(150g)
ぶどう油	適宜
塩	少々
いりごま（白）	適量

作り方

1. にんじんはせん切りにする。

2. フライパンに油をひき、1と塩を入れて炒める。

3. にんじんに火が通ったら、仕上げにいりごまを加える。

調理のポイント

- 3のときに味を見て、塩気が足りない場合は、塩を加えて味をととのえます。

こども園ウブントゥ

🏠 納豆マヨあえ

材料	（大人2人、子ども2人分）

ほうれんそう …………… 1束(200g)
ひきわり納豆 …………… 1パック
かつお節 ………………… 2.5g
いりごま(白) …………… 適量
マヨネーズ ……… 大さじ1¼(15g)
しょうゆ ………………… 適量

作り方

1. ほうれんそうはゆでて、食べやすい大きさに切り、水気を絞る。
2. 1にひきわり納豆、かつお節、いりごま、調味料を加え、混ぜ合わせる。

調理のポイント
- ほうれんそうから水分が出るので、食べる直前にあえると味がうすくなりません。

🏠 大根としめじのみそ汁

材料	（大人2人、子ども2人分）

大根 ……………………… 4cm(150g)
ぶなしめじ ……………… ½パック(50g)
だし汁 …………………… 600mL
昆布 ……………………… 1～2g
みそ ……………… 大さじ1強(20g)
煮干し粉 ………………… 適量

作り方

1. 大根はいちょう切り、しめじは食べやすい大きさに切る。
2. 鍋にだし汁と昆布を入れて火にかける。沸騰する直前に昆布を取り出し、細かく切る。
3. 2に1と切った昆布を加え、具材に火が通ったら、みそと煮干し粉を加える。

🏠 玄米ごはん

材料	（大人2人、子ども2人分）

玄米 ……………………………… 2合

作り方

1. 玄米をといで、規定の量の水で炊く。

調理のポイント
- 玄米は前日にといで、水に浸しています。

33

こども園ウブントゥの
人気レシピ 3

大豆ミートがまるで鶏肉のよう！
大豆ミートのから揚げ風

大豆ミートを使ったから揚げに
プチプチとした
きび入りのポテトを合わせた、
食感を楽しめる
ボリュームある献立です。

玄米ごはん

しめじととうもろこしのスープ

ツナサラダ

大豆ミートのから揚げ風

もちきびポテト

 血や肉になる　大豆たんぱく、ツナ、わかめ、昆布

 熱や力になる　玄米、片栗粉、薄力粉、菜種油、じゃがいも、ぶどう油、きび、ごま、マヨネーズ

 調子を整える　玉ねぎ、キャベツ、しめじ、とうもろこし

こども園ウブントゥ

大豆ミートのから揚げ風

材料 （大人2人、子ども2人分）

大豆たんぱく（ブロックタイプ）
　……………………………50g
A ┌ しょうが（すりおろし）
　│ …………………… 小さじ½（3g）
　│ しょうゆ ……… 小さじ1弱（5g）
　└ 酒 ……………… 小さじ1（5g）
片栗粉………………………… 適量
薄力粉………………………… 適量
揚げ油（菜種油）…………… 適量

作り方

1. 鍋に湯をわかし、大豆たんぱくをゆでてざるにあげる。
2. 水気を絞り、ボウルに移して**A**の調味料を加える。
3. 片栗粉、薄力粉をまぶして、約180℃の油でこんがりするまで揚げる。

調理のポイント

- 子どもが食べやすいように大豆たんぱくはひと口大くらいにして揚げます。
- 片栗粉と薄力粉の割合は、1：1または片栗粉を少し多めで混ぜます。衣が全体にほどよくつく程度の量で揚げましょう。

もちきびポテト

材料 （大人2人、子ども2人分）

じゃがいも ……………… 1個（150g）
玉ねぎ………………… 小¼個（30g）
もちきび……………………… 10g
ぶどう油……………………… 適量
塩……………………………… 少々

作り方

1. じゃがいもはよく洗って1cm角に切る。玉ねぎは薄切りにする。
2. もちきびはよく洗っておく。
3. 鍋に油をひいて、1、2をしんなりするまで炒める。しんなりしたら、塩で味つけをする。

調理のポイント

- もちきびがかたい場合は、3で少し水を加えて煮てやわらかくします。もちきびが手に入りにくい場合は、使用しなくてもおいしく仕上がります。

こども園ウブントゥ

🏠 ツナサラダ

材料 （大人2人、子ども2人分）

ツナ（缶詰、油漬け）……………50g
キャベツ………………… 1/8個（160g）
いりごま（白）………………お好みで
マヨネーズ……… 小さじ2 1/2（10g）
塩 ………………………………少々

作り方

1. キャベツはせん切りにする。

2. 1と油分を切ったツナを、ごま、マヨネーズ、塩であえる。

調理のポイント

- ツナは油漬けを使っていますが、水煮でもOKです。
- 生のキャベツが苦手な子には、ゆでて水気を切ってからあえてもよいでしょう。

🏠 しめじととうもろこしのスープ

材料 （大人2人、子ども2人分）

ぶなしめじ ………… 1/2パック（50g）
とうもろこし（芯を除く）……… 30g
カットわかめ（乾燥）………… 適量
だし汁 ……………………… 600mL
昆布 …………………………… 1～2g
中華だしのもと（顆粒）
 ………………… 小さじ2/3（2g）

作り方

1. しめじは食べやすい大きさに切る。とうもろこしは粒を取っておく。カットわかめを水（分量外）で戻す。

2. 鍋にだし汁と昆布を入れて火にかける。沸騰する直前に昆布を取り出し、細かく切る。

3. 2にしめじととうもろこし、切った昆布を加え、材料に火が通ったら、わかめと中華だしを入れる。

調理のポイント

- とうもろこしがない場合は、コーン缶でも代用できます。

🏠 玄米ごはん

材料 （大人2人、子ども2人分）

玄米……………………………… 2合

作り方

1. 玄米をといで、規定の量の水で炊く。

こども園ウブントゥの
人気レシピ 4

つるつるしたうどんに食が進む！
けんちんうどん

手延べうどんを使ったけんちんうどんと
豚の角煮のように見える車麩の煮物を組み合わせた
大人も楽しめる、野菜たっぷりの献立です。
おうちでは、旬の果物を1品つけてどうぞ！

けんちんうどん

じゃこあえ

玄米おむすび　　車麩の煮物

 血や肉になる　しらす干し、油揚げ、昆布
 熱や力になる　玄米、車麩、菜種油、粗糖、ごま、うどん、じゃがいも
 調子を整える　ほうれんそう、にんじん、ごぼう、大根、干ししいたけ、長ねぎ

こども園ウブントゥ

けんちんうどん

材料 （大人2人、子ども2人分）

乾うどん	130g
干ししいたけ	2個(3.5g)
大根	2㎝(70g)
じゃがいも	½個(70g)
にんじん	⅕本(30g)
長ねぎ	½本(50g)
ごぼう	¼本(50g)
油揚げ	1½枚(30g)
だし汁	800mL
昆布	1～2g
しょうゆ	大さじ1強(20g)
本みりん	大さじ1½(27g)
酒	小さじ1(5g)
塩	少々

作り方

1. 干ししいたけは洗って水で戻し、薄切りにする。
2. 大根、じゃがいも、にんじんは小さめのいちょう切り、長ねぎは小口切りにする。
3. ごぼうはささがきにして下ゆでする。
4. 油揚げは湯通しをして油抜きをし、食べやすい大きさに切る。
5. だし汁に昆布を入れ、沸騰する直前に昆布を取り出し、細かく切る。
6. だし汁に 1、2、3、4 を入れて煮る。
7. しょうゆ、みりん、酒、5 の昆布を加え、野菜がやわらかくなるまで煮て、塩で味をととのえる。
8. うどんをゆで、めんと 7 を盛りつける。

車麩の煮物

材料 （大人2人、子ども2人分）

車麩	30g
菜種油	適量
水	50mL
粗糖	小さじ1(5g)
本みりん	小さじ1弱(5g)
酒	小さじ1(5g)
しょうゆ	小さじ1弱(5g)
白だし	大さじ½(8g)

作り方

1. 車麩は乾燥したまま食べやすい大きさに切り、菜種油に漬けて油を吸わせる。
2. 水に粗糖、みりん、酒、しょうゆ、白だしを入れ、1 を入れてやわらかくなるまで煮る。

調理のポイント

- 車麩を煮るときは、中火で煮ると、煮くずれせずにきれいに仕上がります。
- 車麩の水分の吸い方によって、水の量は調整しましょう。

調理のポイント

- うどんは、島原の手延べうどん(乾めん)を使っています。細いめんで、つるつるとしていて食べやすいです。

こども園ウブントゥ

 じゃこあえ

材料 （大人2人、子ども2人分）

ほうれんそう ············ ¾束(150g)
にんじん ················ ⅕本(30g)
しらす干し ···················· 15g
しょうゆ ·········· 小さじ1弱(5g)
いりごま(白) ···················· 5g

作り方

1. ほうれんそうはゆでて、食べやすい大きさに切って水気を絞る。
2. にんじんはせん切りにしてゆで、水気を切る。
3. しらす干しは湯通しする。
4. 1、2、3にしょうゆ、いりごまを加えてあえる。

調理のポイント

- 食べる直前にあえると、水気が出ずに味がしっかりとします。
- しらす干しの湯通しは茶こしやざるにしらす干しを入れ、上から熱湯をかけるとかんたんです。

玄米おむすび

材料 （大人2人、子ども2人分）

玄米 ···························· 1合
赤しそふりかけ ············· 約5g

作り方

1. 玄米をといで、規定の量の水で炊く。
2. 1に赤しそふりかけを混ぜておむすびを作る。

調理のポイント

- 赤しそふりかけの量は、適宜加減して調整しましょう。
- ボウルにごはんを入れて、赤しそふりかけを少しずつ入れながら混ぜます。

アレルギー対応 卵 乳製品

ウブントゥの給食のレシピでは、卵と牛乳は使っていません。
40～41ページの2つのおやつは、卵、牛乳に加えて、小麦も使わずに作っています。

> 手作り
> おやつ！

粉のりんごマフィン

> ここが推し！
>
> 米粉のもちっとした
> 食感がポイント

材料 （大人2人、子ども2人分）

りんご	3/5個（150g）
粗糖	大さじ1強（10g）
ぶどう油	大さじ2強（25g）
豆乳	100mL
米粉	100g
ベーキングパウダー	4g

調理のポイント

- りんごを煮る際に水分が足りない場合は、水を少し入れて煮て水分を飛ばします。
- 米粉がカップにつきやすいため、紙型よりも金型のカップをおすすめします（くっつきにくい加工がされている紙カップも売っています）。
- 温かいうちにカップから外すと、外しやすいです。

作り方

1. りんごは食べやすい大きさに切り、鍋で煮る。
2. ボウルに粗糖、ぶどう油を入れてよく混ぜる。豆乳を少しずつ加えてさらによく混ぜる。
3. 2に米粉とベーキングパウダーを加え、よく混ぜる。
4. 3に1のりんごの半分を入れて混ぜる。カップまたは、マフィン型天板に流し入れ、残りのりんごをのせる。
5. 180℃に温めたオーブンで15分くらい様子を見ながら焼く。

こども園ウブントゥ

かぼちゃプリン

ここが推し！
かぼちゃの素材の味が楽しめる

おやつ大好き！！

材料 （大人2人、子ども2人分）

かぼちゃ …………………………100g
豆乳 ……………………………270mL
水 ………………………………… 50mL
粉寒天 ……………………………… 2g
粗糖…… 大さじ3$\frac{1}{3}$～4（30～35g）

作り方

1. かぼちゃは皮をむいてゆで、豆乳と合わせてフードプロセッサーでなめらかにする。

2. 鍋に水、粉寒天、粗糖を入れ、沸騰させる。

3. 2に1を加えてよく混ぜ、型に流して冷蔵庫で冷やす。

調理のポイント

- 1と2を混ぜ合わせるときに、温度が低いとかたまりやすいので、弱火で加熱しながら混ぜ合わせます。
- 粗糖の量はかぼちゃの甘味に応じて調整してください。
- 飾りで豆乳ホイップクリームを絞ると、ちょっと特別感が出ます！

お手伝いと楽しい食事の場で食欲アップ！

東京都・羽村市
太陽の子保育園の給食

おかわりしたいな！

食欲アップにつながる ポイント3

1 みんなで楽しく食べる！

子どもも大人も1人でごはんを食べる「孤食」が増えてきているといいます。園では2歳児から保育士も含めて、**みんなで会話をしながら**給食を食べています。まずは、**"食事は楽しいもの"** という感覚を大切にすることが食べることに興味をもつ第一歩になります。

給食はグループごとに座って、いろいろな話をしながら楽しく食べている。

栄養士・保育者が教える！
\\ もっと食べたい //
気持ちがわいてくるヒント

サイクルメニューで食材に慣れる！

同じ材料を繰り返して出す「サイクルメニュー」を取り入れています。1回出したものの味のつけ方を食べやすく変える工夫ができたり、食材に慣れることができたりする点はサイクルメニューのいいところです。「毎日違うものを出さないと！」と思わずに、サイクルメニューを取り入れていきましょう。

全部食べちゃうよ！

だしをとり、添加物や加工食品の使用を控えた手作り給食を提供している太陽の子保育園。カレーやグラタンなどのルーも園で作ります。食欲旺盛な子が多く、元気におかわりする姿は日常茶飯事。小さいときから、調理の手伝いを保育に取り入れており、「食」を常に身近に感じることが「食べる意欲」にもつながっています。

2 当番活動で食への興味もアップ！

5歳児になると給食の時間に当番があります。給食メニューを読んだり、給食を盛りつけたりする仕事にみんなやる気マンマンです。家庭でも**配膳を手伝う**ことで、食への関心がわき、さらに**食べきれる量を自分で考えて盛る練習**にもなります。

お当番さんが器への盛りつけを担当。みんなが同じくらいの量になるように盛りつけていく。

お当番楽しい!!

3 小さなお手伝いをしてもらう！

園では1～2歳のときから、玉ねぎの皮をむいたり、もやしを折ったりする**簡単なお手伝い**をしています。家庭でも**食材に触れる機会**を設けましょう。お手伝いが難しい場合は、**調理の様子を見るだけでもOK**。食を身近に感じてもらうことが大切です。

片づけのお手伝いをするのもひとつ。食に関することに日常的に触れるようにしていく。

大人が「おいしいね」と言ってもりもり食べる！

保育士も一緒にお昼ごはんを食べています。そのときに**「おいしいね」などと声をかけながら食事をします**。そしておかわりをすることも。**大人がおいしそうに食べる**様子は子どもにも伝わります。食事は楽しい時間にしたいですね。

担任の保育士が食欲旺盛なクラスは、子どもたちもよく食べる印象があると栄養士の吉永さん。大人がよく食べる様子を子どもも見ているのかも!?

太陽の子保育園の
人気レシピ 1

和食のおいしさを感じる献立！
かつおと野菜の揚げ煮

かつお、煮豆、梅おかか、切り干し大根と、
和食の定番の食材を、
子どもが食べやすいメニューにしています。
園でも人気の献立です！

煮豆

野菜の梅おかかあえ

バナナ

かつおと野菜の揚げ煮

雑穀ごはん

切り干し大根のみそ汁

 血や肉になる　かつお、金時豆、かつお節、豚もも肉、わかめ、みそ

 熱や力になる　精白米、雑穀、片栗粉、サラダ油、じゃがいも、砂糖、ごま油

 調子を整える　にんじん、さやいんげん、とうもろこし、ほうれんそう、もやし、梅、玉ねぎ、切り干し大根、小ねぎ、バナナ

かつおと野菜の揚げ煮

材料	（大人2人、子ども2人分）

かつお ··············· 200g
A ┌ しょうゆ ········· 小さじ1 (6g)
  │ 酒 ············· 小さじ2/3 (3.4g)
  │ しょうが（すりおろし）
  │ ············· 小さじ1/5 (1.2g)
  │ にんにく（すりおろし）
  │ ············· 小さじ1/5 (1.2g)
  └ カレー粉 ········ 小さじ1/2 (1g)
片栗粉 ············· 大さじ4 (36g)
揚げ油（サラダ油） ············ 適量
じゃがいも ············ 1個 (150g)
にんじん ············ 1/4本 (40g)
さやいんげん ····· 2〜3本 (15〜25g)
とうもろこし（缶詰のホールコーン）
 ························ 30g
B ┌ 砂糖 ············ 小さじ2 (6g)
  │ しょうゆ ········ 小さじ2 (12g)
  └ 酒 ············ 小さじ2/3 (3.4g)

作り方

1. かつおは角切りにして、**A**で下味をつける。片栗粉をまぶして、160〜170℃の油で火が通るまで揚げる。
2. じゃがいもはさいの目切りにして水にさらす。水気を切って、素揚げにする。
3. にんじんはさいの目切り、いんげんも1.5cmくらいの長さに切り、それぞれゆでる。とうもろこしが冷凍の場合もゆでる。
4. 鍋で調味料**B**を煮立て、1、2、3を加えてあえる。

煮豆（金時豆）

材料	（大人2人、子ども2人分）

金時豆（乾燥） ············· 75g
砂糖 ············· 大さじ3 (27g)
しょうゆ ············ 小さじ1/6 (1g)

作り方

1. 金時豆を鍋に入れ、ぬるま湯に1〜2時間ほど浸けておく。
2. 1を火にかけ、一度ゆでこぼしてからたっぷりの水（分量外）を加え、弱火でアクを取りながらゆでる。豆が湯から出ないように水を足しながら、やわらかくなるまでゆでる（1時間程度）。
3. 豆がやわらかくなったら、湯を豆の半量ほど残して捨て、砂糖としょうゆを加え、落としぶたをして弱火でコトコト煮る。
4. 煮汁を少し残して火を止め、しばらく置いて味を染み込ませる。

調理のポイント

● かつおは、めかじきや鶏肉にかえてもOKです。じゃがいもは季節によって、さつまいもやさといもにかえてもおいしいです。

太陽の子保育園

野菜の梅おかかあえ

材料 (大人2人、子ども2人分)

ほうれんそう	1/3束(140g)
にんじん	1/5本(30g)
もやし	1/3袋(70g)
ねり梅	小さじ2/5(4g)
かつお節	2.5g

作り方

1. にんじんはせん切り、ほうれんそうは2cm長さに切り、それぞれゆでる。もやしもゆでる。
2. 1の水気を絞り、ねり梅とかつお節であえる。

調理のポイント
- ねり梅のかわりに梅干しの種を取って、包丁でたたいてもOKです。野菜は旬のものを使用し、梅干しの塩分によって、しょうゆを少し加えましょう。
- 食べる直前にあえると野菜から水分が出ず、よりおいしく食べられます。

バナナ

材料 (大人2人、子ども2人分)

バナナ	2本(400g)

作り方

1. 半分に切る。

切り干し大根のみそ汁

材料 (大人2人、子ども2人分)

豚もも肉(こま薄切り)	50g
玉ねぎ	3/4個(150g)
切り干し大根	15g
わかめ(乾燥)	1g
小ねぎ	3本(15g)
ごま油	小さじ2/3(2.7g)
だし汁(煮干し)	2 2/3カップ(530mL)
みそ	大さじ2(36g)

作り方

1. 切り干し大根は水で戻してから1cm幅に切る。わかめも水で戻して食べやすい大きさに切る。玉ねぎは薄切り、小ねぎは小口切りにする。
2. ごま油で豚肉を炒め、だし汁、玉ねぎを加えて煮る。
3. 具材が煮えたら、切り干し大根、わかめ、小ねぎを加えて、みそを溶き入れる。

雑穀ごはん

材料 (大人2人、子ども2人分)

精白米	1.8合
雑穀ミックス	30g

作り方

1. 精白米はといで炊飯器に入れ、雑穀を加える。規定の量の水を加え、1時間置いてから炊く。

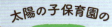

太陽の子保育園の **人気レシピ 2**

夏でも冬でも食べたくなる！
ミルクカレーうどん

マイルドなミルクカレーうどんは、オクラのとろみで汁がめんにからみやすく、食欲がないときでもつるつると食べやすいメニューです。

納豆とじゃこの天ぷら

オレンジ

ごまみそあえ

ミルクカレーうどん

 血や肉になる　豚もも肉、牛乳、ちりめんじゃこ、納豆、卵、みそ

 熱や力になる　うどん、サラダ油、薄力粉、砂糖、ごま

 調子を整える　玉ねぎ、オクラ、にんじん、小松菜、もやし、オレンジ

太陽の子保育園

ミルクカレーうどん

| 材料 | （大人2人、子ども2人分） |

うどん（ゆで）……………………… 3玉
豚もも肉（こま薄切り）……… 100g
玉ねぎ………………………… 2/5個（80g）
オクラ ………… 2〜3本（25〜35g）
にんじん…………………… 1/3本（50g）
サラダ油 ………… 小さじ2/3（2.6g）
A ┌ サラダ油……… 大さじ1/2（6g）
　├ 薄力粉 ………… 大さじ1（9g）
　└ カレー粉……… 小さじ1/2（1g）
だし汁（かつお、昆布）
　…………………… 0.9カップ（180mL）
B ┌ しょうゆ ………… 小さじ1（6g）
　├ 塩 …………………… 小さじ2/3（4g）
　└ みりん ………… 小さじ1/2（3g）
牛乳………………… 3/4カップ（150g）

作り方

1. 玉ねぎとオクラは薄切りに、にんじんは短冊切りにする。

2. 鍋に油を熱し、豚肉を炒め、玉ねぎとにんじんを加えてさらに炒める。しっかり炒めたら、**A**のルウの材料を加えて軽く炒める。だし汁を加えて煮立て、オクラも加える。

3. **B**を加えてひと煮立したら火を止め、牛乳を加える。

4. うどんはさっと湯がいて水にさらし、水気を切って器に盛り、**3**のカレースープをかける。

調理のポイント

- ルウの材料を加えたあとはこげやすいので、しっかり鍋底から混ぜます。

アレルギー対応　乳製品

ミルクカレーうどんの牛乳を豆乳にかえてもおいしくできあがります。

アドバイス

園ではめんのメニューがみんな大好きです。紹介したカレーうどんのほかにも、ジャージャーめんや、ほうとうのような煮込みうどんが人気！　家庭でも食がすすまないときには、めん料理を献立に加えてみることをおすすめします。

太陽の子保育園

納豆とじゃこの天ぷら

材料 （大人2人、子ども2人分）

ちりめんじゃこ	28g
納豆	30g
玉ねぎ	¾個(140g)
にんじん	⅙本(25g)
薄力粉	⅓カップ(35g)
卵	⅓個(18g)
水	適宜
揚げ油（サラダ油）	適量

作り方

1. 玉ねぎは薄切り、にんじんはせん切りにする。
2. 薄力粉と卵を混ぜる。1、ちりめんじゃこ、納豆を加えて混ぜ、水を少しずつ加えて衣のかたさを調整する。
3. 170～180℃くらいに油を熱し、2をスプーンですくって落とし、からっとするまで揚げる。

調理のポイント

- 先に衣を作るのではなく、薄力粉と卵を混ぜたものに材料を加えてから水で調整することで、かりっとした食感に仕上がります。

アレルギー対応 卵

卵を使わない場合は、ベーキングパウダー小さじ1/4と、卵と同量の豆乳を入れます。水で調整する作業は卵を使ったときと同じようにします。

ごまみそあえ

材料 （大人2人、子ども2人分）

小松菜	¼束(75g)
にんじん	⅙本(25g)
もやし	⅔袋(140g)
A 米酢	小さじ2(10g)
みそ	小さじ1(6g)
砂糖	小さじ1½(4.5g)
しょうゆ	小さじ⅓(2g)
すりごま（白）	小さじ1(2g)

作り方

1. 小松菜は2.5cm長さに切り、にんじんは細い短冊切りにしてそれぞれゆでる。もやしもゆでる。
2. Aを混ぜ合わせ、1の野菜とあえる。

調理のポイント

- 旬の野菜で作っています。もやしのかわりに、白菜やキャベツを使うことも多いです。

オレンジ

材料 （大人2人、子ども2人分）

オレンジ	1個(200g)

作り方

1. 洗って、食べやすく切る。

太陽の子保育園の人気レシピ 3

あんかけのもずくが絶妙!
もずく丼

酢の物の印象が強いもずくを、たくさんの野菜と一緒にあんかけにして丼に！海藻や野菜いっぱいの献立です。

パイナップル

チョレギ風サラダ

モロヘイヤスープ

もずく丼

 血や肉になる 豚ひき肉、もずく、海藻ミックス、のり、はんぺん

 熱や力になる 精白米、サラダ油、砂糖、片栗粉、ごま油、菜種油、ごま

 調子を整える 玉ねぎ、にんじん、小松菜、にんにく、しょうが、とうもろこし、レタス、きゅうり、モロヘイヤ、パイナップル

もずく丼

材料（大人2人、子ども2人分）

精白米	2合
豚ひき肉	100g
もずく	100g
玉ねぎ	1/2個（100g）
にんじん	1/3本（50g）
小松菜	1/6束（50g）
にんにく（すりおろし）	小さじ1/5（1.2g）
しょうが（すりおろし）	小さじ1/5（1.2g）
とうもろこし（缶詰のホールコーン）	50g
サラダ油	小さじ2/3（2.6g）
だし汁（かつお）	1/2カップ（100mL）

A
- 砂糖 … 小さじ1（3g）
- みりん … 大さじ1/2（9g）
- 塩 … 小さじ1/5（1.2g）
- しょうゆ … 小さじ2 1/2（15g）

水溶き片栗粉
- 片栗粉 … 小さじ1 1/2（4.5g）
- 水 … 適量

ごま油 … 小さじ1/2（2g）

作り方

1. 精白米はといで炊飯器に入れ、規定の量の水で炊く。
2. もずくは洗って短めに刻む。玉ねぎは薄切り、にんじんはせん切りにする。
3. 小松菜は1cm長さに切り、ゆでて水気を絞っておく。
4. フライパンに油を熱し、ひき肉を炒め、にんにく、しょうが、玉ねぎ、にんじんを加えて炒める。火が通ったらとうもろこし、もずく、だし汁を加えて煮て、少しとろみが出たら小松菜、**A**を加えて煮る。
5. 水溶き片栗粉を加えてとろみをつけ、仕上げにごま油を加える。
6. 器に **1** のごはんを盛り、**5** を上にかける。

調理のポイント
- 小松菜はゆでておいて仕上げに加えることで、色よく仕上がります。
- 水溶き片栗粉は水と片栗粉が2：1くらいにするとよいでしょう。

アドバイス

献立の食材は、かたいものややわらかいものを組み合わせて使います。幼児期は食べる練習をする時期でもあるので、多くの食材に触れることも大切です。家庭でも食べやすいように切ったり、火を入れたりして、いろいろな食材を食べられるといいですね。

太陽の子保育園

🏠 チョレギ風サラダ

材料 （大人2人、子ども2人分）

海藻ミックス（乾燥）	3g
レタス	2～3枚(50g)
きゅうり	½本(50g)
A にんにく（すりおろし）	少々
しょうが（すりおろし）	少々
菜種油	小さじ1½(6g)
しょうゆ	小さじ1(6g)
米酢	小さじ1½(7.5g)
ごま油	小さじ⅔(2.6g)
いりごま（白）	小さじ1(2g)
刻みのり	3g

作り方

1. 海藻ミックスは水で戻してざっくり刻む。さっと湯通しして水気を切る。
2. レタスはざく切り、きゅうりは半月の薄切りにする。
3. ボウルにAを入れてよく混ぜ、鍋に移して加熱して冷ましておく。
4. 1、2と、3のドレッシング、ごまをあえ、食べる直前に刻みのりを散らす。

調理のポイント
- 海藻ミックスは、カットわかめでもOKです。
- 刻みのりは食べる直前にあえてもよいです。

🏠 モロヘイヤスープ

材料 （大人2人、子ども2人分）

玉ねぎ	¼個(50g)
はんぺん	½枚(50g)
モロヘイヤ	½束(50g)
塩	小さじ½(3g)
しょうゆ	小さじ1⅓(8g)
だし汁（かつお）	3カップ弱

作り方

1. 玉ねぎは薄切りに、はんぺんは1cm角のさいの目切りに、モロヘイヤはかたい茎を切り落とし、茎は5mm長さ、葉は1cm幅に切る。
2. だし汁で玉ねぎを煮て、火が通ったらはんぺん、モロヘイヤを加え、塩、しょうゆを加える。

調理のポイント
- モロヘイヤはさっと下ゆでするとアクが抜けます。

🏠 パイナップル

材料 （大人2人、子ども2人分）

パイナップル	½個

作り方

1. 芯を取り、食べやすい大きさに切る。

太陽の子保育園の
人気レシピ 4

ユニークな見た目もポイント！
シュウマイ風ハンバーグ

シュウマイのたねにシュウマイの皮を刻んで散らした
味はシュウマイ、見た目はハンバーグの
ちょっとユニークなメニュー。
ふりかけは白いごはんがすすみます！

りんご

野菜のしらすあえ

アーサ汁
（あおさのすまし汁）

ごぼうふりかけごはん

シュウマイ風ハンバーグ

 血や肉になる：豚ひき肉、しらす干し、豆腐、あおさ　 熱や力になる：精白米、サラダ油、砂糖、ごま油、シュウマイの皮、片栗粉、パン粉、ごま　 調子を整える：ごぼう、玉ねぎ、キャベツ、しょうが、ほうれんそう、にんじん、もやし、りんご

太陽の子保育園

🏠 シュウマイ風ハンバーグ

| 材料 | （大人2人、子ども2人分） |

豚ひき肉 ……………………… 200g
玉ねぎ ………………………… ½個弱(80g)
キャベツ ……………………… 1枚(95g)
シュウマイの皮 ……………… 10枚
しょうが(すりおろし)
　……………………………… 小さじ⅕ (1.2g)
A ┌ 塩 …………………… 小さじ⅕強(1.3g)
　│ 片栗粉 ……………… 大さじ2(18g)
　│ パン粉 ……………… 大さじ2(6g)
　│ 酒 …………………… 小さじ⅗(3g)
　└ ごま油 ……………… 小さじ½(2g)
しょうゆ ……………………… 小さじ2(12g)

作り方

1. 玉ねぎ、キャベツはみじん切りにする。

2. シュウマイの皮は短冊切りにする。

3. 豚ひき肉、1、しょうが、Aをよく混ぜる。

4. 3のたねを丸めて、上に2を散らす。蒸し器で20分蒸す。

5. 器に盛り、食べるときにしょうゆをかける。

調理のポイント

- 天板にオーブンシートをしいて、たねを広げて上から皮を散らし、オーブンのスチーム機能で蒸して、切り分ける方法でもよいでしょう。
- スチーム機能がないときは、ラップをかけて600Wの電子レンジで6〜8分ほど加熱し、中までしっかり火を通します。

🏠 野菜のしらすあえ

| 材料 | （大人2人、子ども2人分） |

ほうれんそう ………………… ⅓束(65g)
にんじん ……………………… ⅕本(30g)
もやし ………………………… ⅓袋(65g)
しらす干し …………………… 25g
A ┌ 砂糖 ………………… 大さじ½ (4.5g)
　│ 米酢 ………………… 小さじ2(10g)
　└ しょうゆ …………… 小さじ1(6g)

作り方

1. ほうれんそうは2.5cm長さに切り、にんじんは細い短冊切りにしてそれぞれゆでる。もやしもゆでる。

2. しらす干しはさっとゆでて水気を切り、冷ましておく。

3. Aと1、2をあえる。

調理のポイント

- 食べる直前にあえると、野菜から水分が出ず、味がうすくなりません。
- 園では大量調理の観点からしらす干しを必ずゆでますが、家庭ではそのままでも問題ありません。

太陽の子保育園

アーサ汁（あおさのすまし汁）

材料 （大人2人、子ども2人分）

玉ねぎ	1/3個(60g)
木綿豆腐	1/2丁(150g)
あおさ（乾燥）	3g
だし汁（かつお）	2 2/3カップ(530mL)
塩	小さじ1/2(3g)
しょうゆ	大さじ1(18g)

作り方

1. 玉ねぎは薄切り、豆腐はさいの目切りにする。
2. だし汁で玉ねぎを煮て、火が通ったら豆腐を加え、塩、しょうゆで味をつける。
3. 最後にあおさを加える。

アドバイス

園ではだしの味を伝えたいので、だしをとってみそ汁やすまし汁、洋風のスープにも使っています。だしを用意しておくと、あおさのような乾物がひとつあれば、忙しい朝でもさっとみそ汁やスープを食べることができます。

ごぼうふりかけごはん

材料 （大人2人、子ども2人分）

精白米	2合
ごぼう	1/3本(60g)
サラダ油	小さじ1/2(2g)
A 砂糖	大さじ1/2(4.5g)
しょうゆ	大さじ1/2(9g)
みりん	小さじ1 1/3(8g)
酒	大さじ1/2(7.5g)
いりごま（白）	大さじ1/2(3g)
ごま油	小さじ1/2(2g)

作り方

1. 精白米はといで炊飯器に入れ、規定の量の水で炊く。
2. ごぼうはみじん切りにして水にさらしておく。
3. 油でごぼうを炒める。火が通ったらAを加えて炒める。水分がとんだら、ごまを加え、仕上げにごま油を加える。
4. 1のごはんを器に盛り、3をかける。

調理のポイント

- ごぼうのみじん切りは、フードカッターを使うと便利です。

りんご

材料 （大人2人、子ども2人分）

りんご	1個(250g)

作り方

1. よく洗い、皮ごと食べやすい大きさに切る。

> 手作り
> おやつ！

バナナ黒糖フリッター

ここが推し！

バナナにひと工夫！
かんたんデザート

材料 （大人2人、子ども2人分）

バナナ	2本(400g)
レモン汁	少々
薄力粉	½カップ強(60g)
ベーキングパウダー	小さじ1(4g)
卵	½個(30g)
菜種油	小さじ2(8g)
砂糖	大さじ1(9g)
黒糖（粉）	大さじ1(9g)
牛乳	大さじ1⅔(25g)
揚げ油（サラダ油）	適宜

作り方

1. バナナは皮をむき半分に切り、レモン汁をかける。
2. 薄力粉とベーキングパウダーを合わせてふるっておく。
3. ボウルに卵、菜種油、砂糖、黒糖を入れて混ぜ合わせ、牛乳、**2**を加えて衣を作る。
4. バナナに**3**をつけ、170〜180℃の油でこんがりと揚げる。
5. **4**を半分に切る。

調理のポイント

- バナナに割り箸などをさして行うと、衣がつけやすくなります。

ごぼうブラウニー

おかわりしたくなる!!

ここが推し！
かみごたえある
ごぼうがアクセントに！

太陽の子保育園

材料 （大人2人、子ども2人分）

ごぼう	1/8本(20g)
薄力粉	2/3カップ(70g)
ベーキングパウダー	小さじ2/3(2.5g)
ココアパウダー	小さじ2(4g)
豆乳	大さじ2(30mL)
菜種油	大さじ1 1/3(16g)
砂糖	大さじ2 2/3(24g)

作り方

1. ごぼうは粗みじん切りにして水にさらす。

2. 薄力粉、ベーキングパウダー、ココアパウダーは合わせてふるっておく。

3. ボウルに豆乳、菜種油、砂糖を入れてよく混ぜ合わせる。1、2を加えてさらに混ぜる。

4. 天板にオーブンシートをしき、3を流し入れて170℃に熱したオーブンで15〜20分焼く。焼きあがったら切り分ける。

調理のポイント

●ごぼうの食感も楽しめるように、みじん切りではなく、粗みじん切りにしています。みじん切りの大きさは家庭によって変更してもよいでしょう。

57

食材や味つけにこだわったやさしい味

千葉県・八千代市

明優保育園の給食

食欲アップにつながるポイント3

この日の給食は中華丼。つけ合わせはさっぱりとしたきゅうりと鶏肉のあえ物に。

1 旬の食材を使い、献立の中で味の変化を！

旬の食材を使い、主菜や副菜の味が重ならない工夫をしています。煮魚で甘い味つけの主菜のときには、副菜はさっぱりとしたあえ物をつけます。**違った味を組み合わせることで、食べやすくなり、食欲のアップ**にもつながります。

中華丼の具を味見。ほかの献立とのバランスも考えながら、味を見て仕上げていく。

栄養士・保育者が教える！
もっと食べたい 気持ちがわいてくるヒント

食事の様子を見て、話をしてみる

栄養士の小川さんは調理を終えて、子どもたちの食事が始まると**保育室に行って様子を見ることも。食事の進み具合を見たり、感想を聞いたりして、次の献立に生かしています。**家庭でも子どもにリクエストを聞いて、献立を考えてみてはいかがでしょうか。

保育者も給食のときは子どもたちのそばで様子を見たり、話をしたりしている。一緒に給食の時間を楽しみつつ、それぞれの食事のペースに合わせて見守っている。

ゆっくりでいいよ

園舎の中心に給食室がある明優保育園。子どもたちは給食室の様子が見られる環境で毎日を過ごします。おなかがすいた人から順にお昼ごはんを食べるスタイルをとり、午前中、たくさん遊んで空腹になった子どもたちは、給食を楽しみに席に着きます。味つけや献立の組み合わせに工夫をした給食をみんなたくさん食べています。

2 空腹がいちばんの調味料

おなかがすいて食事に向かえるよう、雨で外に出られない日でも、たくさん体を動かして遊べる環境を作っています。**食事の時間はだいたい決まっていますが、みんなでそろって「いただきます」ではなく、食べたくなったら自ら席に着くことで**、意欲的に食事に向かえます。

3 好きなメニューにアレンジをプラス！

子どもたちの大好きなから揚げやハンバーグ。人気メニューにアレンジを加えて、から揚げはレモン風味の「レモンから揚げ」に、ハンバーグはデミグラス、トマトソース、照り焼きなど、**変化をつけることでバリエーションが増え、食事の幅も広がります。**

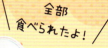

全部食べられたよ！

給食室から漂う香りに誘われて様子を見る子どもたち。おなかがすくと自然とこのような光景に。

給食大好き！

「おなかすいたね」のひと声など食に関心をもつ働きかけを

保育者が子どもたちと**「おなかがすいてきたね」「いいにおいしてきたね」**など、ともに給食の時間を楽しみにすることで、より食事の時間が待ち遠しくなります。また、食に関連する絵本や図鑑に自然と触れたり、園内の畑で野菜を育てたり、給食作りのお手伝いをしたりと多角的に働きかけることで、食に興味がもてるようにしています。**食べ物に興味をもつきっかけ作り、大切ですね。**

保育者が子どもたちと一緒に給食室の前にやってきて、何やら会話中！

明優保育園の
人気レシピ 1

赤しそふりかけでさっぱりと！
魚の赤しそパン粉焼き

さっぱりとした魚のパン粉焼きに人気の納豆を使った副菜をプラス。
納豆とあえることで、苦手な野菜を克服できることも！

チンゲンサイの納豆あえ

魚の赤しそパン粉焼き

ごはん

じゃがいものみそ汁

 血や肉になる　かじき、納豆、みそ
 熱や力になる　精白米、薄力粉、パン粉、オリーブ油、じゃがいも
 調子を整える　チンゲンサイ、にんじん、しめじ、玉ねぎ

明優保育園

魚の赤しそパン粉焼き

| 材料 | （大人2人、子ども2人分） |

かじき（切り身）……… 4枚（400g）
塩 ……………………………… 少量
薄力粉…………… 大さじ2強（20g）
パン粉…………… 大さじ7弱（20g）
赤しそふりかけ ……… 小さじ1（2g）
オリーブ油………… 小さじ1強（5g）

作り方

1. かじきに軽く塩をふって臭みを取る。

2. 1に赤しそふりかけの半量をなじませたら、薄力粉を少量ずつ両面にふりかけ、なじませる。

3. バットに残りの赤しそふりかけとパン粉を混ぜて広げ、2の両面にしっかりとパン粉をつける。

4. フライパンに油を熱し、3を入れる。ふたをして弱めの中火で、途中裏返しながらしっかり火が通るまで焼く。

調理のポイント

- 魚はかじき、かれいで作るのがおすすめです。
- 魚とパン粉それぞれに、赤しそふりかけを加えておくことが味の決め手となります。
- 焼いて裏返した際にこげつきやすい場合は、オリーブ油を追加して焼くときれいに仕上がります。

チンゲンサイの納豆あえ

| 材料 | （大人2人、子ども2人分） |

ひきわり納豆 ……………… 1パック
チンゲンサイ ……… 2½株（240g）
にんじん……………………… ⅖本（60g）
しょうゆ …………… 小さじ1強（7g）

作り方

1. チンゲンサイは1.5cm長さに切り、たっぷりの湯でシャキシャキ感が残る程度にゆでる。冷水に取り、水気を絞る。

2. にんじんはいちょう切りにし、かぶるくらいの水でやわらかくなるまでゆで、あら熱を取る。

3. ボウルに1、2、納豆を入れ、しょうゆを回し入れてよくあえる。

調理のポイント

- 納豆はあえやすい、ひきわりがおすすめです。
- にんじんは厚さ3mmくらいのいちょう切りにするとよいでしょう。

明優保育園

じゃがいものみそ汁

材料 （大人2人、子ども2人分）

じゃがいも …………………… 1/4個（40g）
しめじ ………………… 1/5パック（20g）
玉ねぎ ………………………… 1/6個（30g）
みそ ………………… 大さじ1 1/3（25g）
だし汁（煮干し） …………… 700mL

作り方

1. じゃがいもは皮をむいて5mm厚さのいちょう切りにして水にさらす。しめじ、玉ねぎは食べやすい大きさに切る。
2. 鍋にだし汁と1を入れ、やわらかくなるまで煮る。みそを溶き入れ、煮たたせずに火を止める。

調理のポイント

- じゃがいもは水にさらすことで変色を防いだり、アクを抜くことができます。また余分なでんぷんも取れます。
- 水にさらしたじゃがいもは、きちんと水気を切ってから、だし汁の中に入れます。

ごはん

材料 （大人2人、子ども2人分）

精白米 ……………………………… 2合

作り方

1. 精白米はといで、規定の量の水で炊く。

アドバイス

「食べたいな」という気持ちになるには、料理の彩りのよさも大切になります。魚の赤しそパン粉焼きの彩りに、チンゲンサイとにんじんのあえ物を加えることで、華やかな印象になります。献立を考えるときに、食材の栄養バランスに加えて、色や見た目についても考えてみましょう。

フライを盛るときに、キャベツだけでは色がさびしい場合は、カットしたミニトマトをそえるだけでも、食欲をそそる彩りになります。

明優保育園の
人気レシピ 2

丼物とスープで野菜たっぷり！
ビビンバ丼

ほうれんそう、もやし、にんじんと野菜たっぷりのビビンバ丼。
かぼちゃのいとこ煮はやさしい甘味が子どもに人気です！

かぼちゃのいとこ煮

中華スープ

ビビンバ丼

 血や肉になる　豚ひき肉、みそ

 熱や力になる　精白米、サラダ油、砂糖、ごま、ごま油、小豆

 調子を整える　しょうが、ほうれんそう、もやし、にんじん、かぼちゃ、白菜、えのきたけ

明優保育園

ビビンバ丼

材料 （大人2人、子ども2人分）

精白米	2合
豚ひき肉	150g
しょうが（すりおろし）*	小さじ½（3g）
サラダ油	大さじ½（6g）
酒	小さじ1強（6g）
A 砂糖	大さじ1⅓（12g）
しょうゆ	小さじ1（6g）
中華だし（顆粒）	小さじ⅔（2g）
みそ	小さじ1（6g）
ほうれんそう	¾束（150g）
もやし	¾袋（150g）
にんじん	⅔本（100g）
中華だし（顆粒）	小さじ⅔（2g）
すりごま（白）	大さじ½（3g）
ごま油	小さじ1（4g）

＊しょうがは、チューブのすりおろしでも可。

作り方

1. 精白米はといで炊飯器に入れ、規定の量の水で炊く。
2. フライパンに油をひいて、ひき肉、しょうが、酒を入れ、そぼろ状になるように炒める。
3. Aを混ぜ合わせ、2に入れて味をなじませる。
4. ほうれんそうは長さ3cmほどに切り、にんじんはせん切りにする。
5. 鍋に湯をわかし、ほうれんそうはえぐみがなくなるまで30秒～1分、もやしはしんなりするまで2～3分それぞれゆで、ざるにあげて冷水に取り、水気を絞る。
6. にんじんは水からゆで、やわらかくなったら引きあげて冷水に取り、水気を絞る。
7. 5、6の野菜をそれぞれボウルに入れ、中華だしとすりごまを加えてよく混ぜる。最後に風味づけのごま油を加えて混ぜる。
8. 器にごはんを盛り、その上に7、2の順に盛りつける。

調理のポイント

● あとから水分が出て味がうすまらないように、野菜の水気をよく切っておくとおいしく仕上がります。

もやしの保存方法

長く保存ができないので、できるだけ早く使いきる。保存する場合は、熱湯をかけて水気を切り、保存袋に入れて保存する。

明優保育園

🏠 かぼちゃのいとこ煮

> **材料** （大人2人、子ども2人分）
>
> かぼちゃ ……………………… 200g
> ゆで小豆 ……………………… 100g
> しょうゆ …………… 小さじ1弱(5g)

> **作り方**

1. かぼちゃを皮つきのまま3cm角に切って耐熱皿にのせ、ラップをして、600Wの電子レンジで6分加熱する。
2. 箸が刺さる程度にやわらかくなったら鍋に移し、かぼちゃが半分浸るくらいの水（分量外）、しょうゆを入れ、弱火で煮詰める。
3. 汁気がなくなってきたら、ゆで小豆を加えてからめる。

> **調理のポイント**
>
> ● ゆで小豆は缶詰のものでも真空パックのものでも、どちらを使用してもよいです。
> ● ゆで小豆の味をみて、お好みでしょうゆ以外に砂糖を加えて少し甘味を足してもOKです。小豆が苦手でも、この組み合わせは甘くておいしいと好評です。

🏠 中華スープ

> **材料** （大人2人、子ども2人分）
>
> 白菜 ……………………… 1/2枚(40g)
> にんじん ………………… 1/3本(50g)
> えのきたけ ……………… 1/5袋(20g)
> 中華だし（顆粒） ……… 小さじ1(3g)
> 水 …………………………… 700mL
> 塩 ……………………………… 少々

> **作り方**

1. にんじんはせん切りに、えのきたけと白菜は食べやすい大きさに切る。
2. 鍋に水、にんじん、えのきたけを入れてゆでる。
3. にんじんがやわらかくなったら白菜を加え、しんなりしたら、中華だしを入れ、塩で味をととのえる。

> **調理のポイント**
>
> ● 白菜のかわりに小松菜を使うなど、スープの具材は季節に応じて変更してもいいでしょう。

かぼちゃの保存方法

使いかけのかぼちゃは、わたと種をきれいに取り除き、ラップに包んで冷蔵庫の野菜室へ。1週間ほど保存できる。冷凍する場合は、使いやすいサイズに切ってからゆで、冷めたら冷凍用の保存袋に入れて冷凍庫へ。

明優保育園の
人気レシピ 3

甘じょっぱいソースが決め手！

鶏肉のマーマレードソースかけ

甘味のあるソースが人気の鶏肉のマーマレードソースかけに
色鮮やかなブロッコリーとパプリカのソテーを添えました。
見ているだけで食欲がわく献立です！

ブロッコリーと
パプリカのソテー

鶏肉の
マーマレードソースかけ

コンソメスープ

トースト

 血や肉になる　鶏もも肉、ツナ

 熱や力になる　食パン、マーマレードジャム、片栗粉、サラダ油

 調子を整える　ブロッコリー、ピーマン、キャベツ、とうもろこし

明優保育園

鶏肉のマーマレードソースかけ

材料 （大人2人、子ども2人分）

鶏もも肉……………………300g
酒………………小さじ1(5g)
塩………………………………少々
片栗粉……………大さじ3(27g)
サラダ油……………大さじ½(6g)
【マーマレードソース】
マーマレードジャム
　　　……………大さじ4(80g)
しょうゆ………大さじ½強(10g)
酒………………大さじ1⅓(20g)

作り方

1. 鶏肉は食べやすい大きさに切り、酒と塩をもみ込む。
2. 鍋にソースの材料を入れ、弱火にかけ、加熱しながら混ぜ合わせる。
3. バットに片栗粉を入れ、❶にまんべんなくつける。
4. フライパンに油を熱し、中火で❸を皮面から焼く。皮がパリパリになる程度に焼けたら裏返し、ふたをして弱火で蒸し焼きにして中まで火を通す。
5. 皿に盛り、❷の温かいソースをかける。

調理のポイント

- マーマレードソースは、火の入り方で色が変わります。園では弱火でゆっくり火を通すことで、ジャムの色をきれいに出しています。

ブロッコリーとパプリカのソテー

材料 （大人2人、子ども2人分）

ブロッコリー……………¾株(180g)
赤ピーマン………………1個(30g)
黄ピーマン………………1個(30g)
ツナ(缶詰、油漬け)……½缶(30g)
サラダ油……………大さじ½(6g)
鶏がらスープのもと(顆粒)
　　　………………小さじ1弱(2.5g)

作り方

1. ブロッコリーは食べやすい大きさに切り、耐熱皿にのせて水大さじ1（分量外）を回しかける。ふんわりとラップをかけ、600Wの電子レンジで3分半加熱する（かたい場合は再度加熱する）。
2. 赤ピーマンと黄ピーマンはそれぞれ食べやすい大きさに切る。
3. ツナは油を切る。切った油は取っておき、後で炒めるときに使用する。
4. フライパンにサラダ油と❸のツナ缶の油を入れて熱し、❷をしんなりするまで炒める。
5. ❶のブロッコリーを加えて軽く炒め合わせ、ツナと鶏がらスープのもとを入れて味をととのえる。

調理のポイント

- ツナ缶の油を一緒に使うことでうま味がプラスされます。
- ごま油で炒めても、ひと味違っておいしいです。

▶ 明優保育園

🏠 コンソメスープ

材料（大人2人、子ども2人分）

キャベツ……………………… 2/3枚（60g）
とうもろこし（缶詰のホールコーン）
　……………………………………… 50g
コンソメ（顆粒）…… 大さじ1/2弱（4g）
水 ………………………………… 600mL
塩 …………………………………… 少々

作り方

1. キャベツは1cm四方に切る。とうもろこしは水気を切る。
2. 鍋に水とコンソメを入れて火にかけ、沸騰したら、1を加え、ふたをしてキャベツがやわらかくなるまで煮る。
3. 味を確認し、塩で味をととのえる。

調理のポイント

● 春キャベツ、冬キャベツで煮込みの時間が変わります。キャベツをやわらかく煮ると食べやすくなります。

アドバイス

園ではスープが好きな子どもがたくさん！　そこでスープを具だくさんにして、いろいろな野菜を入れています。あえ物などでは食べられない野菜もスープにすることで食べられることも。子どもが好きなカレーやシチューで、野菜の具材を多めにするのもおすすめです。

🏠 トースト

材料（大人2人、子ども2人分）

食パン（8枚切り）………………… 3枚

作り方

1. 食パンをトーストして1/4に切る。

キャベツの保存方法

丸ごとひとつ使いきらないときには、外側の葉から1枚ずつはがして使うと長く保存ができる。カットしたキャベツは、湿らせた新聞紙で包み、ポリ袋などに入れて冷蔵庫へ入れる。

明優保育園の
人気レシピ 4

おかわり間違いなし！
大豆のキーマカレー

子どもに人気のキーマカレー！
ひき肉と一緒に大豆も入れて、
良質なたんぱくもとれる一品に。
定番メニューになること
間違いなしです！

マカロニサラダ

わかめスープ

大豆のキーマカレー

 血や肉になる　豚ひき肉、大豆、ツナ、わかめ

 熱や力になる　精白米、サラダ油、マカロニ、マヨネーズ

 調子を整える　玉ねぎ、にんじん、にんにく、しょうが、きゅうり、とうもろこし、大根

明優保育園

大豆のキーマカレー

材料 （大人2人、子ども2人分）

精白米	2合
豚ひき肉	200g
酒	小さじ1弱(4g)
大豆(水煮)	100g
玉ねぎ	1/2個(100g)
にんじん	2/3本(100g)
にんにく(みじん切り)	小さじ3/4(3g)
しょうが(みじん切り)	小さじ3/4(3g)
サラダ油	大さじ1/2(6g)
A カレー粉	大さじ1(6g)
コンソメ(顆粒)	小さじ2/3弱(1.8g)
トマトケチャップ	大さじ1 1/2(26g)
中濃ソース	大さじ1/4(5g)

作り方

1. 精白米はといで、規定の量の水で炊く。
2. 玉ねぎ、にんじんはみじん切りにする。
3. フライパンに油を入れて熱し、にんにくとしょうがを入れ、香りが出るまで炒める。ひき肉と酒を加えてさらに炒める。
4. ひき肉の色が変わったら、2を加えてしんなりするまで炒める。
5. 大豆の水煮とAを加え、弱めの中火でときどきかき混ぜながら水分がなくなるまで煮る。味がなじんだら完成。
6. 器に1のごはんを盛り、5をかける。

調理のポイント

- にんにくとしょうがは、みじん切りが大変な場合は、チューブのすりおろしでもOKです！
- 味がなじむまで煮込むことでおいしく仕上がります。

アドバイス

献立を考えるときに、味の変化がつくものを組み合わせることを意識しましょう。同じ味つけのものが複数あると食べ飽きてしまうことがあります。園の献立表は組み合わせを考えるときのヒントにもなります。

明優保育園

🏠 マカロニサラダ

材料 （大人2人、子ども2人分）

マカロニ	60g
きゅうり	1/2本（50g）
とうもろこし（缶詰のホールコーン）	40g
ツナ（缶詰、油漬け）	1/2缶（30g）
卵不使用マヨネーズ	大さじ1 2/3（20g）

作り方

1. きゅうりは厚さ5mmのいちょう切りにする。

2. マカロニはゆでて、水で洗い、よく水気を切る。

3. ボウルに1、2、水気を切ったとうもろこし、軽く油を切ったツナ、卵不使用マヨネーズを入れてよく混ぜる。

調理のポイント

- ツナが入ることでうま味が出ます。
- 卵不使用マヨネーズを使っていますが、普通のマヨネーズを同じ分量入れてもOKです。

アレルギー対応 卵

卵不使用のマヨネーズを使うことで、卵アレルギーがあっても食べられます。

🏠 わかめスープ

材料 （大人2人、子ども2人分）

わかめ（乾燥）	3g
にんじん	1/3本（50g）
大根	50g
鶏がらスープのもと（顆粒）	大さじ1/2（4.5g）
水	600mL
塩	少々

作り方

1. 乾燥わかめは水で戻し、軽く刻んで水気を絞る。

2. にんじんと大根は食べやすい大きさのいちょう切りにする。

3. 鍋に湯をわかし、鶏がらスープのもとを加え、にんじんと大根を入れ、やわらかくなるまで煮る。

4. 野菜がやわらかくなったら、1を入れ、塩で味をととのえる。

いちょう切りのコツ

きゅうりに十字の切り込みを入れてから切ることで、かんたんにいちょう切りができます。

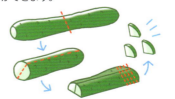

71

> 手作り
> おやつ！

フレークスナック

> ここが推し！
>
> かんたんだけど
> 本格的な仕上がり！

材料 （大人2人、子ども2人分）

コーンフレーク（プレーン味）……50g
バター……………………………15g
マシュマロ………………………40g

調理のポイント

- コーンフレークは、マシュマロが入って甘くなるのでプレーン味がおすすめです。
- クッキングシートに押し広げ、あとで食べやすい大きさにカットしてもよいでしょう。
- レシピの分量で量が多い場合は、作る量を調節してください。

作り方

1. コーンフレークはポリ袋に入れてもみ、軽く砕く。

2. 温めたフライパンにバターを入れ、弱火でバターを溶かす。

3. マシュマロを入れて完全に溶かしたら火を止め、1のコーンフレークを加えて、全体にからむように混ぜる。

4. クッキングシートに包んで棒状にして、冷蔵庫で冷やし、シートをはがして食べやすい厚さに切る。

明優保育園

みそクッキー

お気に入りのクッキーだよ！

ここが推し！

みその風味が生きた素朴な味が人気！

材料 （大人2人、子ども2人分）

薄力粉……………………………160g
バター……………………………80g
砂糖………………………………50g
みそ………………………………15g
ベーキングパウダー……小さじ¼（1g）

調理のポイント

●オーブンの状態によって焼き具合が異なるため、12分ぐらいで一度焼き色を見て、焼き時間を調節します。

作り方

1. ボウルに薄力粉とベーキングパウダーをふり入れ、混ぜ合わせる。
2. バターを鍋で溶かし、砂糖とみそを入れてよく混ぜ合わせる。
3. 1に2を少しずつ混ぜ合わせ、手でよくこねる。
4. しっかり生地がまとまったら棒状にして、ラップにくるんで20分ほど冷蔵庫で寝かす。
5. 4を8mmくらいの厚さに切り、オーブンシートをひいた天板に並べ、180℃に予熱したオーブンで15分ほど焼く。

おおらかな雰囲気で楽しくお昼を!!

東京都・八王子市

美山保育園の給食

食欲アップにつながるポイント3

園長先生検食です

今日もおいしそう!

そら豆の皮むきをしたあとに、みんなで制作で絵を描いた。

1 食にちなんだ活動を!

給食で食べる、そら豆やグリンピースの皮むきを子どもが行うこともあります。自分で作業した食材が給食で出てくると身近に感じ、食も進みます。食材に触るだけでなく、**絵を描いたりすることだけでも興味はアップ**。家庭で取り入れてみるのもいいですね。

栄養士・保育者が教える!
\ もっと食べたい /
気持ちがわいてくるヒント

日がわりでごはんを炊く!

園では5歳児は**日がわりでごはんを炊く当番を**します。4月に炊き方を学び、ごはんの献立の日に当番の子どもが登園するとお米をとぎ、保育室の炊飯器でごはんを炊きます。ちょっとかためのの日、やわらかめの日といろいろですが、交代で炊くお米を食べることは楽しみのひとつです。

私の炊いたごはんは最高!

お当番でごはんを炊いた子。この日の給食はカレー。自分で炊いたごはんを食べると、おいしさもプラスされること間違いなし。

豊かな自然に囲まれた美山保育園では、子どもたちはのびのびと毎日を過ごしています。園庭で昼食を食べたり、テラスに机を出してみたりと、モットーは楽しく食べること。栄養士や調理スタッフもアットホームな雰囲気で家庭的な給食を丁寧に作っています。静教保育園（82〜83ページ）とは姉妹園でアイデアの詰まった献立を交互に考えています。

2 温かいものは温かいうちに！

調理室で作った食事は、おひつや鍋に小分けにして教室へ。**温かいものは温かく、冷たいものは冷たいうちに食べることで、おいしさも変わってきます。**家庭でも食べる時間に合わせて、料理の温度を意識すると、よりおいしく食べることができます。

作りたてのカレーを調理スタッフが鍋に分け、保育者が教室へ持っていって器に盛って配膳していく。

3 園で食べているものを参考に！

保護者に「子どもが給食と同じものを食べたいというので、レシピを教えてください」と言われることがあり、そのときには作り方のメモを渡しています。献立のアイデアに悩んだときには、**園の栄養士に声をかけてレシピをもらったり、HPに掲載されている献立を参考にする**のもいいですね。

美山保育園のHPでは、写真つきでその日の献立を紹介している。

給食おいしい！

食感で食べやすさも変わる

食事には好きな食感、食べやすい食感が個々にありますが、園では少しやわらかめに調理をすることがあります。子どもが食べやすいと感じる食感を知り、家庭でもかたさを調節することで、食べ方が変わることがあるかもしれません。

おいしすぎる〜

美山保育園の
人気レシピ 1

バランスのよい献立がうれしい！
ひき肉の磯辺巻き

甘じょっぱいたれのひき肉の磯辺巻きは
ごはんがすすむおかずです！
豆乳汁のやさしい味とのバランスもグッド！

千草あえ

にんじんしりしり

ひき肉の磯辺巻き

ごはん

さつまいもの豆乳汁

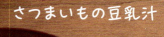

血や肉になる	豚ひき肉、卵、牛乳、のり、ツナ、油揚げ、かまぼこ、みそ、豆乳	
熱や力になる	精白米、パン粉、サラダ油、三温糖、片栗粉、ごま、さつまいも	
調子を整える	玉ねぎ、小ねぎ、にんじん、えのきたけ、小松菜、大根、しめじ	

美山保育園

ひき肉の磯辺巻き

材料	（大人2人、子ども2人分）
豚ひき肉	200g
玉ねぎ	1/2個(100g)
A 卵	1/2個(25g)
パン粉	大さじ3(9g)
牛乳	大さじ1(15g)
塩	ひとつまみ
焼きのり	1～2枚(3～6g)
サラダ油	適量

【たれ】
濃口しょうゆ	小さじ2(12g)
酒	小さじ1(5g)
三温糖	小さじ1/2(1.5g)
小ねぎ	5～6本(25～30g)
水溶き片栗粉	
水	大さじ1(15mL)
片栗粉	大さじ1/2(4.5g)

作り方

1. 玉ねぎはみじん切りにして炒め、冷ましておく。
2. ボウルにひき肉、1、Aを入れ、粘りが出るまでよくこねる。
3. 2を焼きのりの上（手前側）にのせ、三つ折りになるようにのりを巻く。
4. フライパンに油をひき、中火でこんがりするまでよく焼く。
5. たれを作る。小鍋にしょうゆ、酒、三温糖、小口切りにした小ねぎを入れて煮立たせ、水溶き片栗粉でとろみをつける。
6. 4を食べやすい大きさに切り、5のたれをかける。

にんじんしりしり

材料	（大人2人、子ども2人分）
にんじん	1/2本(75g)
えのきたけ	1/2袋(50g)
卵	1個(55g)
ツナ（缶詰、油漬け）	1/2缶(35g)
サラダ油	小さじ1/2(2g)
いりごま（白）	小さじ1(2g)
塩	ひとつまみ

作り方

1. にんじんはせん切り、えのきたけは2～3cmに切る。卵は炒めていり卵にする。ツナは油を切る。
2. サラダ油でにんじん、えのきたけ、ツナを一緒に炒めて、1のいり卵を加える。
3. 最後にごまを加え、塩で味をつける。

調理のポイント

- 先に卵を別に炒めておくことで、ふんわりとした仕上がりになります。

調理のポイント

- 水溶き片栗粉は水と片栗粉の割合を2：1くらいにするとよいですが、片栗粉の量を加減しながらとろみをつけてください。
- ハンバーグのようにひとつずつ成形する手間がなく、のりで巻くだけなので、かんたんにできます！

美山保育園

千草あえ

材料	（大人2人、子ども2人分）
小松菜	1束（300g）
油揚げ	2枚（40g）
かまぼこ（赤）	25g
三温糖	小さじ1½（4.5g）
濃口しょうゆ	小さじ1½（9g）
酢	小さじ1（5g）

作り方

1. 小松菜は2〜3cmのざく切り、油揚げは油抜きをして短冊切り、かまぼこも短冊切りにする。
2. 小松菜はさっとゆでて冷水に取り、水気を絞る。
3. 小松菜、油揚げ、かまぼこを合わせ、三温糖、しょうゆ、酢を混ぜ合わせて味をつける。

さつまいもの豆乳汁

材料	（大人2人、子ども2人分）
さつまいも	1本（100g）
にんじん	¼本（40g）
大根	1cm（40g）
しめじ	⅓パック（30g）
小ねぎ	2〜3本（10〜15g）
だし汁（かつおぶし・昆布）	300mL
みそ	大さじ1½（27g）
調整豆乳	300mL

作り方

1. さつまいもは皮のついたまま厚めのいちょう切りにする。にんじんと大根はいちょう切りに、しめじは小房に分ける。小ねぎは小口切りにする。
2. だし汁に1を入れて煮る。
3. 野菜に火が通ったらみそを入れる。火を止めて豆乳を入れ、味をととのえる。

調理のポイント
- 豆乳を入れたあとは、豆乳が分離しないように汁は沸騰させないようにします。

ごはん

材料	（大人2人、子ども2人分）
精白米	2合

作り方

1. 精白米はといで、規定の量の水で炊く。

美山保育園の
人気レシピ 2

カフェのようなおしゃれ献立！
クリスピーチキン

ざくざくとしたかみごたえが人気のクリスピーチキンは、手作りパンにはさんでバーガーにするのもおすすめです！

手作りパン

大麦スープ

スパゲティの
マヨポンサラダ

ほうれんそうと
しめじのソテー

クリスピーチキン

| 血や肉になる | 鶏むね肉、ロースハム、ウインナーソーセージ | 熱や力になる | パン、サラダ油、薄力粉、コーンフレーク、マーガリン、スパゲティ、マヨネーズ、押し麦 | 調子を整える | にんにく、しょうが、ほうれんそう、しめじ、きゅうり、レタス、パプリカ、玉ねぎ、にんじん、チンゲンサイ |

79

美山保育園

🏠 クリスピーチキン

材料 （大人2人、子ども2人分）

鶏むね肉	300g
A 濃口しょうゆ	大さじ1(18g)
みりん	大さじ1(18g)
料理酒	大さじ1(15g)
にんにく(すりおろし)	小さじ½(3g)
しょうが(すりおろし)	小さじ½(3g)
薄力粉	大さじ2(18g)
水	大さじ2(30mL)
コーンフレーク	2カップ
揚げ油(サラダ油)	適量

作り方

1. Aを合わせ、6等分に切った鶏むね肉を30分ほど漬ける。
2. 1に薄力粉と水を混ぜたバッター液をつけ、少し砕いたコーンフレークの衣をしっかりとつける。
3. 中温の油でこんがりするまで揚げる（最後に少し強火にするとカリッと揚がる）。

🏠 ほうれんそうとしめじのソテー

材料 （大人2人、子ども2人分）

ほうれんそう	1束(200g)
しめじ	¼パック(25g)
マーガリン	大さじ½(6g)
濃口しょうゆ	小さじ½(3g)
コンソメ(顆粒)	小さじ½(1.5g)

作り方

1. ほうれんそうは2〜3cmのざく切りにして、さっとゆでて冷水に取り、水気を絞る。しめじは小房に分ける。
2. フライパンにマーガリンを熱し、1を炒め、しょうゆとコンソメで味をつける。

調理のポイント

● 家庭用のオーブンの発酵機能を使います。ないときは、夏場は室温でも発酵しやすく、冬場は暖かい場所を選んで置くとよいでしょう。

🏠 手作りパン

材料 （大人2人、子ども2人分）

強力粉	300g
三温糖	大さじ3⅓(30g)
塩	小さじ¾(4.5g)
サラダ油	大さじ2½(30g)
ドライイースト	6g
ぬるま湯	180mL

スパゲティのマヨポンサラダ

材料（大人2人、子ども2人分）

スパゲティ	50g
ロースハム	2枚(20g)
きゅうり	¼本(25g)
レタス	2～3枚
パプリカ(赤)	⅙個(25g)
A 酢	小さじ1(5g)
濃口しょうゆ	小さじ1(6g)
みりん	小さじ½(3g)
マヨネーズ	大さじ2(24g)
塩	ひとつまみ

作り方

1. スパゲティはゆでておく。
2. ハム、きゅうり、レタス、パプリカはせん切りにする。
3. **A**を小鍋で熱し、みりんのアルコールを飛ばす。
4. スパゲティと**2**を混ぜ、**3**であえる。最後にマヨネーズと塩を加え、味をととのえる。

大麦スープ

材料（大人2人、子ども2人分）

押し麦	30g
ウインナーソーセージ	2～3本(40～60g)
玉ねぎ	¼個(50g)
にんじん	⅕本(30g)
チンゲンサイ	1～2株(100～150g)
だし汁(昆布)	600mL
コンソメ(顆粒)	小さじ1½(4.5g)
しょうゆ	小さじ½(3g)
塩	ひとつまみ

作り方

1. ウインナーソーセージと玉ねぎは薄切りに、にんじんは短冊切りにする。
2. チンゲンサイは2～3cmのざく切りにし、さっとゆでて冷水に取り、水気を絞る。
3. だし汁にコンソメとしょうゆを加え、**1**と押し麦を入れてよく煮立たせる。
4. 具材がやわらかくなったら塩で味をととのえ、最後にチンゲンサイを加える。

作り方

1. 材料すべてをボウルに入れ、手で全体をもみ混ぜる。生地がまとまってきたら、生地をこねてよくたたく。
2. ぶつぶつした部分が完全になくなり、生地がつるんとするまでこねたら、とじ目を下にしてボウルに入れ、ラップをかける。約40℃で60分置く（一次発酵）。
3. **2**が2倍の大きさにふくらんだら、生地を8等分に分け、丸く成形して天板に並べ、40℃で20分置く（二次発酵）。
4. 発酵が終わったら、170℃に予熱したオーブンで10分焼く。

食べたくなる「見た目」にも力を入れたおいしいごはん！

東京都・八王子市

静教(せいきょう)保育園の給食

食欲アップにつながるポイント3

焼きたてのパンにハムカツをはさんで食べることもできる。旬のデザートがつくところもポイント。

1 できるだけ手作りで！

園ではパンも小麦粉から練って作ります。子どもたちも大好きな手作りパンを焼く日は、調理室からパンを焼くいい香りが漂います。パンの生地を打つ音が聞こえ、香りがすることで、子どもたちの食欲もアップ。おうちで子どもと一緒に作ってみても！

園で焼くパンはみんな大好き！ふわっとしてやさしい味。

栄養士・保育者が教える！
\もっと食べたい/
気持ちがわいてくるヒント

外に出て体を使ってお昼ごはんに

園では天候が悪いなどの理由がなければ、午前中は近所の公園まで散歩に行き、体を動かして遊んできます。歩いたり、体を動かしたりすることで、お昼までにおなかがすき、ごはんの時間が楽しみになります。

ハンバーガー作ったよ

とってもおいしい！

たくさん遊んでおなかがすいている子どもたちは、食欲旺盛！

パンを一から手作りしたり、かわいいおやつ作りにチャレンジしたりするなど、手間ひまかけた給食を提供している静教保育園。栄養士や調理スタッフの愛情たっぷりの給食を子どもたちはみんな楽しみにしています。お手伝いを通して食に興味をもってもらう工夫もしていて、家庭でも参考になるヒントが詰まっています。

2 見た目も大切に

見た目がかわいかったり、特別な感じがあったりすると食べたい気持ちも高まります。園では盛りつけを工夫したり、かえるの顔をまねたパンを作ったりして、見たときに「わっ！」と思うような料理を提供することも。毎日は難しいですが、たまにはかわいいごはん作りにチャレンジしてみてもいいですね。

おいしそうに盛りつけたり、かわいい見た目を考えたりするひと工夫で食欲もアップする。

3 配膳のときにちょっと量を調節

教室で調理スタッフが配膳をするときに、子どもの話を聞いて、**食べきることが難しいものは、少しだけ量を調整します**。ブロッコリーのような野菜は少し小さめにカットしたものを選んで盛るなど、微量な調節でもOK。「これなら食べられるかも」という量やひと口でも食べられるようにしています。

子どもの希望を聞いて小さいブロッコリーをお皿に。

これなら食べられそう？
うん

年齢に合ったお手伝いにチャレンジ

園では園庭や借りている畑で野菜やお米を作っています。乳児はとれた野菜を洗うお手伝いに挑戦。幼児になると、玉ねぎやとうもろこしの皮むきやキャベツをちぎるお手伝いをしています。3歳からはピーラーや包丁を使うことも。**いろいろなお手伝いをすることで**、食事が楽しみになります。

園庭で育てているトマト。交代で水をあげたり手入れをしたりして、大事に育てている。

静教保育園の **人気レシピ 1**

お店のようなできあがり！
八王子ラーメン

鶏がらだしのさっぱりとしたしょうゆラーメンにシュウマイを合わせた中華風の献立。おうちラーメンも本格的にどうぞ！

もち米シュウマイ

ブロッコリーとわかめのナムル

八王子ラーメン

 血や肉になる　チャーシュー、なると、豚ひき肉、わかめ
 熱や力になる　中華めん、もち米、砂糖、ごま油、片栗粉
 調子を整える　長ねぎ、ほうれんそう、玉ねぎ、メンマ、干ししいたけ、ブロッコリー、にんじん

静教保育園

八王子ラーメン

材料 （大人2人、子ども2人分）

中華めん（生）	3玉
長ねぎ	¼本(25g)
ほうれんそう	2株(40g)
玉ねぎ	¼個(50g)
だし汁（鶏がら）	900mL
塩	小さじ¼(1.5g)
しょうゆ	大さじ2½(45g)
チャーシュー	6枚
なると	6枚
メンマ	40g

作り方

1. 長ねぎは薄切り、ほうれんそうはゆでてざく切りにする。玉ねぎはみじん切りにして蒸す。
2. だし汁を火にかける。塩としょうゆを加え、薄切りにした長ねぎを入れる。
3. 中華めんを別の鍋でゆでる。
4. ❸を器に盛り、スープをかける。チャーシュー、なると、ほうれんそう、メンマをのせ、最後に玉ねぎをトッピングする。

調理のポイント

- 玉ねぎは600Wのレンジで2分加熱すると、かんたんに下準備ができます。

もち米シュウマイ

材料 （10個分）

もち米	大さじ8(105g)
豚ひき肉	200g
玉ねぎ	⅓個(70g)
長ねぎ	6cm(15g)
干ししいたけ	2個(4g)
A ┌ 砂糖	小さじ½(1.5g)
│ しょうゆ	小さじ1(6g)
│ ごま油	小さじ½(2g)
│ 片栗粉	小さじ2(6g)
└ 塩	小さじ½(3g)
しょうゆ	適量

作り方

1. もち米はといで、1時間水に浸しておく。
2. 玉ねぎ、長ねぎ、戻した干ししいたけはみじん切りにする。
3. 豚ひき肉と❷を合わせて、Aを加えて粘りが出るまでよく混ぜる。
4. ❸を10等分に丸め、水気を切った❶をまぶす。
5. ❹を蒸し器で20分蒸す。
6. ❺にしょうゆをかける。

調理のポイント

- もち米は早めに水を切り、広げてよく乾かしておくと、肉だねにくっつきやすくなります。
- 蒸し時間の目安は20分ですが、もち米に火が通るまでよく蒸しましょう。

静教保育園

ブロッコリーと わかめのナムル

材料 （大人2人、子ども2人分）

ブロッコリー……………… 1/3株(80g)
わかめ（乾燥）…………………… 1g
にんじん………………… 1cm(15g)
ごま油………………… 小さじ1/4 (1g)
酢 …………………… 小さじ1/2 (2.5g)
しょうゆ……………… 小さじ1(6g)

作り方

1. ブロッコリーは食べやすい大きさに、わかめは水で戻し、食べやすい大きさにそれぞれ切り、ゆでる。

2. にんじんは短冊切りにして、蒸す。

3. 1と2をごま油、酢、しょうゆであえる。

調理のポイント

- わかめはゆでなくてもOKです。
- にんじんは、600Wの電子レンジで1分加熱すると、かんたんに下準備ができます。

アドバイス

園ではパンやカレー、めん類が人気です。この八王子ラーメンも、もちろん人気の一品！園では月に一度の誕生日会にバイキング給食を行いますが、この日だけは、自分の好きなものを好きなだけ食べてよい日にしています。家庭でも、子どもの好きなものを好きなだけ食べる日を設けてみてはどうでしょう。食事が楽しくなることがいちばん大切なことです。

たくさん並んだおかずの中から、自分の食べたいものを選んでお皿に盛っていく。

静教保育園の人気レシピ 2

彩りが食欲を刺激する！
鶏クッパ

にんじん、卵、にらの鮮やかな色合いが食欲をそそる鶏クッパ。チャプチェとの組み合わせで野菜もたくさんとることができます！

チャプチェ

じゃがじゃこサラダ

鶏クッパ

 血や肉になる 鶏むね肉、卵、豚ひき肉、しらす干し、のり

 熱や力になる 精白米、ごま油、春雨、砂糖、ごま、じゃがいも

 調子を整える にんじん、にら、長ねぎ、にんにく、しょうが、ピーマン、干ししいたけ、小ねぎ

87

静教保育園

鶏クッパ

材料	（大人2人、子ども2人分）
精白米	2合
鶏むね肉	½枚(150g)
にんじん	3cm(50g)
にら	2本(10g)
長ねぎ（青い部分を含む）	½本(50g)
にんにく	1かけ(6g)
しょうが	¼かけ(5g)
水	1000mL
卵	1個(55g)
塩	小さじ½(3g)
しょうゆ	小さじ1(6g)
鶏がらだしのもと（顆粒）	小さじ2(6g)
ごま油	小さじ1(4g)

作り方

1. 米はといで、規定の量の水で炊く。
2. にんじんは短冊切りに、にらは2cm長さに切る。長ねぎは青い部分はぶつ切りに、白い部分は薄切りにする。にんにくとしょうがは薄切りにする。
3. 鍋に水を入れ、鶏肉、ねぎの青い部分、にんにく、しょうがを入れて鶏肉に火が通るまでゆでる。
4. 3から鶏肉、ねぎ、にんにく、しょうがを取り出し、鶏肉は食べやすい大きさにさいてほぐす。
5. 4ににんじん、長ねぎの白い部分を入れて煮て、にんじんに火が通ったら、塩、しょうゆ、鶏がらだしのもとで味をつける。
6. 5を沸騰させて溶き卵を流し入れ、にらと最後にごま油を加える。
7. 1のごはんを器に盛り、さいた鶏肉をのせて6をかける。

長ねぎの保存方法

使いかけのものは、適当な長さに切り、ラップに包み、冷蔵庫の野菜室に立てて置く。約1週間保存ができる。冷凍する場合は、小口切りやみじん切りにして、水気を切って冷凍用保存袋へ入れて冷凍庫へ。約1か月保存可能。

調理のポイント

● 鶏と薬味をよく煮てだしをしっかりとると、おいしく仕上がります。

静教保育園

チャプチェ

材料	（大人2人、子ども2人分）
豚ひき肉	30g
春雨	30g
にんじん	1cm(15g)
ピーマン	½個(15g)
干ししいたけ	1個(2g)
にら	½本(2.5g)
ごま油	小さじ1(4g)
A しょうゆ	小さじ1(6g)
みりん	小さじ(6g)
砂糖	小さじ2(6g)
酒	小さじ1(5g)
いりごま(白)	ひとつまみ

作り方

1. にんじんとピーマンはせん切りに、干ししいたけは戻して薄切りに、にらは2cm長さに切る。
2. 春雨はゆでて食べやすい長さに切る。
3. フライパンを火にかけ、ごま油をひき、豚ひき肉を炒める。
4. 豚肉に火が通ったら、にんじん、干ししいたけ、ピーマンを入れて炒める。
5. 4の野菜に火が通ったら、にらを加え、調味料Aを入れて味をつける。
6. 2の春雨を加え、最後にごまを入れて炒める。

調理のポイント
- 野菜にしっかり火が通ってから春雨を入れると、春雨の食感が残ります。

じゃがじゃこサラダ

材料	（大人2人、子ども2人分）
じゃがいも	1個(150g)
しらす干し	小さじ2(4g)
小ねぎ	1本(5g)
ごま油	大さじ1(12g)
刻みのり	0.5g
塩	小さじ⅙(1g)

作り方

1. じゃがいもは皮をむいて厚めのいちょう切りにして蒸す。鍋に移し、ふりながら火にかけて粉ふきいもにする。
2. フライパンにごま油をひき、しらす干しを入れてカリカリに炒める。
3. 2に小口切りにした小ねぎを加え、炒める。
4. 1、3、刻みのりを混ぜ合わせる。
5. 最後に塩を加えて味つけをする。

調理のポイント
- じゃがいもは600Wの電子レンジで2分半〜3分加熱すると、かんたんに蒸せます。

手作りおやつ！

恐竜のたまご

ここが推し！
恐竜の卵のような見た目がかわいい

材料

薄力粉	80g
ココア	大さじ1(6g)
サラダ油	大さじ2強(26g)
上白糖	大さじ1 2/3 (15g)
卵	2/5個(24g)
ベーキングパウダー	小さじ1/2弱(1.9g)
粉砂糖	10g程度

調理のポイント

●丸めたときに生地の表面にツヤがあるとうまく割れ目が出るように仕上がります。

作り方

1. ボウルにサラダ油、砂糖、卵を入れて混ぜる。
2. 1に薄力粉、ココア、ベーキングパウダーをふるい入れ、さっくりと混ぜる。
3. 2を6等分にして卵形に成形し、粉砂糖をまぶす。
4. 170℃に予熱したオーブンで20分ほど焼く。

美山保育園・静教保育園

野菜チップス

パリパリしておいしい!

ここが推し！
野菜本来の味が楽しめるおやつ

材料 （大人2人、子ども2人分）

れんこん ……………… ½節(100g)
じゃがいも ……………… ½個(75g)
さつまいも ……………… ⅓本(70g)
揚げ油（サラダ油）……………… 適量
塩 ……………… 小さじ¼(1.5g)

作り方

1. れんこん、じゃがいも、さつまいもは皮つきのまま薄切りにし、水にさらす。
2. 水気を切った **1** を150〜160℃の低温に熱した油でゆっくり揚げる。
3. **2** に塩をまぶす。

調理のポイント

● 素揚げした野菜をボウルに入れ、ボウルをふりながら塩を入れると、まんべんなく味つけができます。

さくいん

このさくいんは、「人気メニュー」で使われている食材を「赤・黄・緑」の栄養のグループに分けて、料理のページにガイドしています。ご家庭で献立を考えるとき、3つのグループから、バランスよく食材を選び、組み立てる参考にご活用ください。調味料、少量の食材、おやつの材料は、さくいんに含んでいません。

赤　血や肉になる

肉

鶏ひき肉	松風焼き	13
	ガパオライス	16
鶏むね肉	クリスピーチキン	80
	鶏クッパ	88
鶏もも肉	鶏肉のマーマレードソースかけ	67
豚ひき肉	ガパオライス	16
	もずく丼	51
	シュウマイ風ハンバーグ	54
	ビビンバ丼	64
	大豆のキーマカレー	70
	ひき肉の磯辺巻き	77
	もち米シュウマイ	85
	チャプチェ	89
豚もも肉	ジャージャーめん	19
	切り干し大根のみそ汁	46
	ミルクカレーうどん	48

肉（加工品）

ウインナーソーセージ	チーズサラダ	23
	大麦スープ	81
チャーシュー	八王子ラーメン	85
ベーコン	クラムチャウダー	22
ロースハム	春雨サラダ	16
	スパゲティのマヨポンサラダ	81

魚・貝

かじき	魚の赤しそパン粉焼き	61
かつお	かつおと野菜の揚げ煮	45
かつお節	野菜の梅おかかあえ	46
かに風味かまぼこ	春雨サラダ	16
かまぼこ	千草あえ	78
ツナ	ツナサラダ	36
	ブロッコリーとパプリカのソテー	67
	マカロニサラダ	71
	にんじんしりしり	77
なると	八王子ラーメン	85
はんぺん	モロヘイヤスープ	52
ほたて	クラムチャウダー	22

豆

小豆	小豆玄米ごはん	30
	かぼちゃのいとこ煮	65
油揚げ	けんちんうどん	38
	千草あえ	78
きな粉	きな粉パン	23
金時豆	煮豆	45
高野豆腐	高野豆腐と卵のスープ	14
大豆	大豆のキーマカレー	70
大豆たんぱく	さといものコロッケ	32
	大豆ミートのから揚げ風	35
豆乳	さつまいもの豆乳汁	78
豆腐	アーサ汁	55
納豆	納豆マヨあえ	33
	納豆とじゃこの天ぷら	49
	チンゲンサイの納豆あえ	61

卵

卵	高野豆腐と卵のスープ	14
	トマトオニオンスープ	17

にんじんしりしり …………………… 77
鶏クッパ ……………………………… 88

牛乳・乳製品

牛乳	クラムチャウダー ………………… 22	
	ミルクカレーうどん ……………… 48	
チーズ	チーズサラダ ……………………… 23	

小魚・海藻

あおさ	アーサ汁 …………………………… 55	
海藻ミックス	チョレギ風サラダ ………………… 52	
しらす干し	にんじんとしらすのごはん ……… 14	
	じゃこあえ ………………………… 39	
	野菜のしらすあえ ………………… 54	
	じゃがじゃこサラダ ……………… 89	
ちりめんじゃこ	納豆とじゃこの天ぷら …………… 49	
のり	小松菜ののりあえ ………………… 13	
	ひき肉の磯辺巻き ………………… 77	
ひじき	れんこんボール …………………… 29	
もずく	もずく丼 …………………………… 51	
わかめ	しめじととうもろこしのスープ … 36	
	切り干し大根のみそ汁 …………… 46	
	わかめスープ ……………………… 71	
	ブロッコリーとわかめのナムル … 86	

黄 熱や力になる

いも・でんぷん

さつまいも	さつまいもハニー ………………… 20	
	さつまいもの豆乳汁 ……………… 78	
さといも	さといものコロッケ ……………… 32	
じゃがいも	クラムチャウダー ………………… 22	
	じゃがいもとしいたけのみそ汁 … 30	
	もちきびポテト …………………… 35	
	けんちんうどん …………………… 38	
	かつおと野菜の揚げ煮 …………… 45	
	じゃがいものみそ汁 ……………… 62	
	じゃがじゃこサラダ ……………… 89	
春雨	春雨サラダ ………………………… 16	
	チャプチェ ………………………… 89	

ごはん・穀類

きび	もちきびポテト …………………… 35	
玄米	小豆玄米ごはん …………………… 30	
	玄米おむすび ……………………… 39	
コーンフレーク	クリスピーチキン ………………… 80	
雑穀ミックス	雑穀ごはん ………………………… 46	
精白米	もずく丼 …………………………… 51	
	ごぼうふりかけごはん …………… 55	
	ビビンバ丼 ………………………… 64	
	大豆のキーマカレー ……………… 70	
	鶏クッパ …………………………… 88	
胚芽精米	にんじんとしらすのごはん ……… 14	
	ガパオライス ……………………… 16	
もち米	もち米シュウマイ ………………… 85	

種実

ごま	松風焼き …………………………… 13	

パン・小麦

押し麦	大麦スープ ………………………… 81	
車麩	車麩の煮物 ………………………… 38	
シュウマイの皮	シュウマイ風ハンバーグ ………… 54	
食パン	きな粉パン ………………………… 23	
	トースト …………………………… 68	
スパゲティ	スパゲティのマヨポンサラダ …… 81	
パン	手作りパン ………………………… 80	

めん

うどん	けんちんうどん …………………… 38	
	ミルクカレーうどん ……………… 48	
中華めん	ジャージャーめん ………………… 19	
	八王子ラーメン …………………… 85	
マカロニ	マカロニサラダ …………………… 71	

調子を整える

野菜

梅	野菜の梅おかかあえ	46
えのきたけ	中華スープ	65
	にんじんしりしり	77
オクラ	ミルクカレーうどん	48
かぼちゃ	かぼちゃのいとこ煮	65
キャベツ	トマトオニオンスープ	17
	浅漬けサラダ	20
	チーズサラダ	23
	ツナサラダ	36
	シュウマイ風ハンバーグ	54
	コンソメスープ	68
きゅうり	春雨サラダ	16
	ジャージャーめん	19
	浅漬けサラダ	20
	チーズサラダ	23
	きゅうりの塩昆布あえ	30
	チョレギ風サラダ	52
	マカロニサラダ	71
	スパゲティのマヨポンサラダ	81
切り干し大根	切り干し大根のナポリタン風	29
	切り干し大根のみそ汁	46
ごぼう	けんちんうどん	38
	ごぼうふりかけごはん	55
小松菜	小松菜ののりあえ	13
	高野豆腐と卵のスープ	14
	ごまみそあえ	49
	もずく丼	51
	千草あえ	78
さやいんげん	かつおと野菜の揚げ煮	45
しいたけ	じゃがいもとしいたけのみそ汁	30
しめじ	大根としめじのみそ汁	33
	しめじととうもろこしのスープ	36
	じゃがいものみそ汁	62
	さつまいもの豆乳汁	78
	ほうれんそうとしめじのソテー	80
大根	大根としめじのみそ汁	33
	けんちんうどん	38
玉ねぎ	わかめスープ	71
	さつまいもの豆乳汁	78
	松風焼き	13
	ガパオライス	16
	トマトオニオンスープ	17
	ジャージャーめん	19
	クラムチャウダー	22
	れんこんボール	29
	さといものコロッケ	32
	もちきびポテト	35
	切り干し大根のみそ汁	46
	ミルクカレーうどん	48
	納豆とじゃこの天ぷら	49
	もずく丼	51
	モロヘイヤスープ	52
	シュウマイ風ハンバーグ	54
	アーサ汁	55
	じゃがいものみそ汁	62
	大豆のキーマカレー	70
	ひき肉の磯辺巻き	77
	大麦スープ	81
	八王子ラーメン	85
	もち米シュウマイ	85
チンゲンサイ	チンゲンサイの納豆あえ	61
	大麦スープ	81
とうもろこし	しめじととうもろこしのスープ	36
	かつおと野菜の揚げ煮	45
	もずく丼	51
	コンソメスープ	68
	マカロニサラダ	71
トマト（缶詰）	トマトオニオンスープ	17
長ねぎ	高野豆腐と卵のスープ	14
	けんちんうどん	38
	八王子ラーメン	85
	もち米シュウマイ	85
	鶏クッパ	88
にら	鶏クッパ	88
	チャプチェ	89
にんじん	小松菜ののりあえ	13
	にんじんとしらすのごはん	14
	ジャージャーめん	19

	浅漬けサラダ	20		もち米シュウマイ … 85
	切り干し大根のナポリタン風 … 29			チャプチェ … 89
	にんじんの塩きんぴら … 32	メンマ	八王子ラーメン … 85
	けんちんうどん … 38	もやし	春雨サラダ … 16
	じゃこあえ … 39		野菜の梅おかかあえ … 46
	かつおと野菜の揚げ煮 … 45		ごまみそあえ … 49
	野菜の梅おかかあえ … 46		野菜のしらすあえ … 54
	ミルクカレーうどん … 48		ビビンバ丼 … 64
	納豆とじゃこの天ぷら … 49	モロヘイヤ	モロヘイヤスープ … 52
	ごまみそあえ … 49	レタス	チョレギ風サラダ … 52
	もずく丼 … 51		スパゲティのマヨポンサラダ … 81
	野菜のしらすあえ … 54	れんこん	れんこんボール … 29
	チンゲンサイの納豆あえ … 61		
	ビビンバ丼 … 64		
	中華スープ … 65		
	大豆のキーマカレー … 70		
	わかめスープ … 71		
	にんじんしりしり … 77		
	さつまいもの豆乳汁 … 78		
	大麦スープ … 81		
	ブロッコリーとわかめのナムル … 86		
	鶏クッパ … 88		
	チャプチェ … 89		
白菜	中華スープ … 65		
パプリカ	ガパオライス … 16		
	スパゲティのマヨポンサラダ … 81		
ピーマン	ガパオライス … 16		
	切り干し大根のナポリタン風 … 29		
	ブロッコリーとパプリカのソテー … 67		
	チャプチェ … 89		
ブロッコリー	ブロッコリーとパプリカのソテー … 67		
	ブロッコリーとわかめのナムル … 86		
ほうれんそう	納豆マヨあえ … 33		
	じゃこあえ … 39		
	野菜の梅おかかあえ … 46		
	野菜のしらすあえ … 54		
	ビビンバ丼 … 64		
	ほうれんそうとしめじのソテー … 80		
	八王子ラーメン … 85		
干ししいたけ	松風焼き … 13		
	けんちんうどん … 38		

● 協力園

霞ヶ丘幼稚園（神奈川県・横浜市）
認定こども園ウブントゥ富士の森（山梨県・富士吉田市）
太陽の子保育園（東京都・羽村市）
明優保育園（千葉県・八千代市）
美山保育園（東京都・八王子市）
静教保育園（東京都・八王子市）

● 参考文献

『食材の下ごしらえ早引き便利帳』 青春出版社
『料理図鑑』 福音館書店
『絶対おいしい！はじめての楽しい料理』 主婦と生活社
『食品の栄養とカロリー事典 第3版』 女子栄養大学出版部

● STAFF

料理	検見﨑聡美
料理アシスタント	大木詩子
撮影	向村春樹（WILL）
スタイリング	ダンノマリコ
イラスト	やまおかゆか
デザイン	滝田 梓（WILL）
DTP	新井麻衣子（WILL）
校正	村井みちよ
編集	井上 幸
	片岡弘子 滝沢奈美（WILL）

給食がおいしいと評判の
保育園・幼稚園の人気メニュー
今日も完食！らくらくレシピ

初版発行　2024年9月

編著　WILLこども知育研究所
発行所　株式会社金の星社
　　　　〒111-0056
　　　　東京都台東区小島1-4-3
　　　　tel 03（3861）1861（代表）
　　　　fax 03（3861）1507
　　　　振替　00100-0-64678
　　　　https://www.kinnohoshi.co.jp
印刷　TOPPANクロレ株式会社
製本　株式会社難波製本

NDC599 p96 24cm ISBN978-4-323-07565-5
乱丁・落丁本は、ご面倒ですが小社販売部宛にご送付ください。
送料小社負担にてお取替えいたします。

©WILL 2024
Published by KIN-NO-HOSHI SHA, Tokyo, Japan

JCOPY 出版者著作権管理機構 委託出版物

本書の無断複写は著作権法上での例外を除き禁じられています。
複写される場合は、そのつど事前に出版者著作権管理機構（電話03-5244-5088、FAX 03-5244-5089、e-mail : info@jcopy.or.jp）の許諾を得てください。
※本書を代行業者等の第三者に依頼してスキャンやデジタル化することは、たとえ個人や家庭内での利用でも著作権法違反です。